Nur ein paar Stündchen

Nix wie raus, ganz schnell ins Grüne. Auch mit wenig Zeit lässt sich Großartiges erleben. Kleine und große Abenteuer warten direkt vor der Haustür.

4H

Raus für einen Tag

Man muss nicht das Land verlassen, um neue Welten zu entdecken. Einfach mal einen Tag lang raus aus dem Alltagsallerlei und rein in die Natur.

12H

Ferien für ein Wochenende

Warum auf die große Auszeit warten, wenn man einen Wochenendtrip in der Nähe machen kann? Vergnügen, Abenteuer und Wohlgefühl kompakt und intensiv.

36H

Abenteuer

ESKAPADEN

AUSZEIT

AUSGLEICH

LÄCHELN

Wochenende

STADT.LAND.FLUSS.

LEICHTIG-KEIT

FREE

ERLEBEN

GRÜN Kleine

Fluchten

Wege

Lebensfreude

NATUR

GLÜCK

von Melanie Wolfmeier

LIEBE LESERIN, LIEBER LESER.

grüne Hügel, tiefe Täler, Wildwasserflüsse, vom Ostwind umtoste Bergspitzen – die Region Bayerischer Wald, eingekesselt von der Cham-Further-Senke, der Donau, Tschechien und Österreich, steckt voller Abenteuer: Kajaken, Wanderungen und Entdeckungen geologischer Schätze sind nur einige davon. Ein besonderes Kleinod ist der Nationalpark Bayerischer Wald: In dem Outdoor-Paradies finden sich uralte Baumriesen und unheimliche Moore, dort leben seltene Tiere wie Luchs, Auerhuhn und Wolf.

Egal ob gerade alles frisch grünt, unter der Sommersonne brutzelt, die Wälder in Herbstfarben leuchten oder schneeweiß verzaubert sind: Im Bayerischen Wald gibt es jeden Tag etwas Neues zu entdecken. Also fertig machen – und ab vor die Haustür!

Viel Spaß bei den großen und kleinen Eskapaden im Bayerischen Wald!

Melanie Wolfmeier

PS: Informationen zum GPX-Download gibt's auf Seite 224.

AUSZEIT.
ABENTEUER.
LEBENSFREUDE.

1. KAPITEL
ABSTECHER

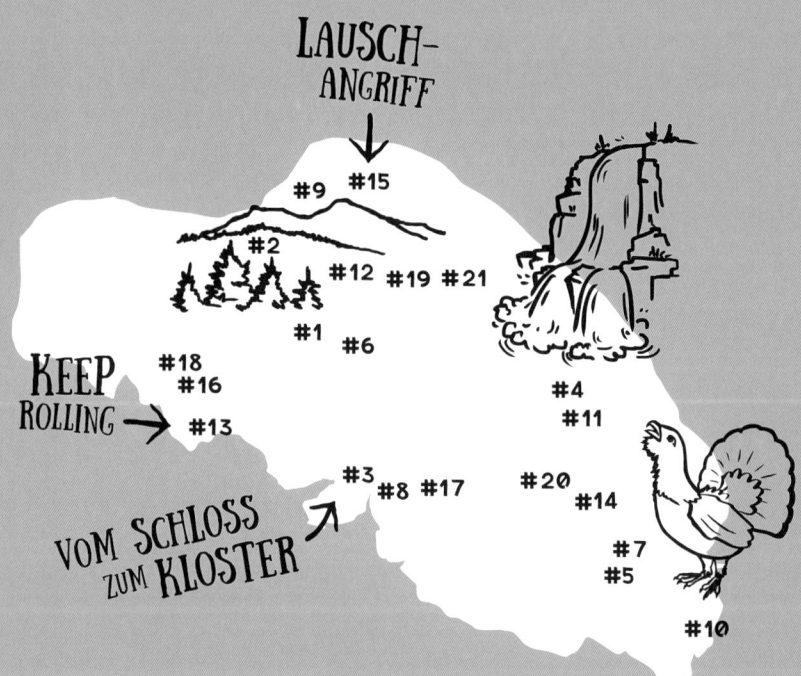

LAUSCH-
ANGRIFF

#9 #15

#2

#12 #19 #21

#1 #6

KEEP
ROLLING

#18
#16

#13

#4
#11

#3 #8 #17

#20

#14

VOM SCHLOSS
ZUM KLOSTER

#7
#5

#10

Nur ein paar Stündchen

*Auf Berge steigen oder durch Schluchten
wandeln, Wildblumen sammeln oder in
einen See hüpfen – kleine Auszeiten sind
immer möglich.*

4H

DIE GERÄUSCHE DES BACHS

... Wanderung auf den Hirschenstein

Dass sich gleich neben der Autobahn hinter ein paar Hügeln ein solches Juwel versteckt – wer hätte das gedacht? Der Weg zum Hirschenstein ist romantisch und nur zum Ende hin ein klein wenig anstrengend. Er kann auch locker als Feierabendrunde eingeplant werden.

Erst der muntere Bach, dann die fantastische Aussicht: Der Weg hoch auf den Hirschenstein ist eine abwechslungsreiche Wanderung. Und die dicht besiedelte Donauebene ist so weit weg, dass die kleine Auszeit zum großen Abenteuer wird.

Herz: Wenn es hier, am Beginn des Naturparks, schon so schön ist, wie muss es erst auf dem Hirschenstein sein? 1095 Meter, so hoch ragt der Berg über die Donauebene hinaus. Der Wanderparkplatz bei Grandsberg ist der perfekte Ausgangspunkt für eine Besteigung – viele Wege zweigen von hier ab. Einer der schönsten ist derjenige, der eine Wellenmarkierung bekommen hat: der Mühlgrabenweg.

Erst mal geht es auf dem Waldweg bergauf. Ein kleiner Schlenker führt zum Schopf – dieser erreicht 925 Meter und bietet ein Gipfelkreuz nebst Bank. Aber so lang ist man noch nicht unterwegs, später ist Zeit für eine ausgiebige Pause. Also zurück zur Wegkreuzung, wo das Wellensymbol ein Stück bergab führt, bis ein Plätschern ertönt.

Schon die Fahrt zum Parkplatz Grandsberg lässt einen staunend aus dem Fenster blicken. Da wellt sich das Land, ein grüner Teppich, und verschluckt die Autobahn und die gar zu dicht besiedelte Donauebene dahinter. Je höher man fährt, desto schneller schlägt das

Eben geht es dahin, direkt neben dem Bach, der über Steine und Baumstämme hinweg-

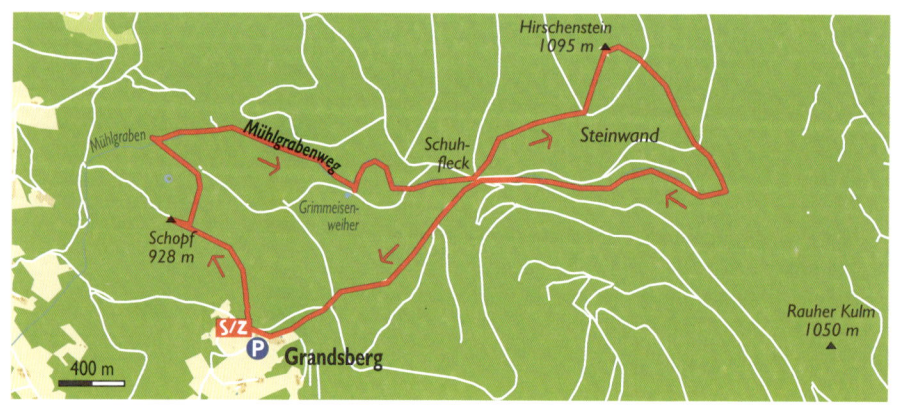

springt. Der mal laut, mal leise gurgelt. Biegung um Biegung begleitet einen das Wasser, bis es einen anderen Weg nimmt und man selbst am Schuhfleck landet – einem runden Platz inmitten des Walds, der mit seiner Hütte Unterschlupf bietet. Dort, gleich neben der Hütte, zeigt das grüne Dreieck: Hier geht's lang, direkt hoch zum Gipfel! Der Aufstieg ist ein wenig anstrengend, Steine und Wurzeln legen sich einem in den Weg, aber sie halten niemanden auf, vielmehr helfen sie den Füßen die letzten 1,5 Kilometer nach oben.

Auf der Spitze des Hirschensteins wartet ein Aussichtsturm, seit 1924 ermöglicht er Wanderern, einen Blick auf die Donauebene zu werfen. Doch es gibt noch mehr: Felsen zum Klettern, eine Bank zum Brotzeit machen und eine Hütte für Ausflügler, die vom Regen überrascht werden. Nachdem alles erkundet

wurde, geht's zurück zum Parkplatz: entweder auf dem bisher zurückgelegten Weg oder zunächst der Nr. 7 folgend, die über zwei Schotterstraßen durch den Wald hinabführt. Dann biegt man erneut rechts ab und der Weg bringt einen direkt zum Ausgangspunkt.

FAZIT: ROMANTISCHER WEG AM BACH ENTLANG, KLEINE STEIGUNG AM ENDE – SUPER FÜR GEMÜTLICHE TAGE.

Hin & weg: Wanderparkplatz Grandsberg.

Dauer & Strecke: 3 Std., ca. 8 km.

Beste Zeit: Immer.

Ausrüstung: Feste Schuhe, Trinken und Essen für Pause am Gipfel.

LEGENDEN SAMMELN

=}= ... auf dem Friedrich-Nietzsche-Weg =}=

Im Oberen Bayerischen Wald gibt es einen Weg, der voller Geschichten, Sagen und Legenden steckt. Wie man die findet? Das geht ganz leicht! Einfach Friedrich Nietzsche und Erwin Rohde in den Wald folgen.

Friedrich-Nietzsche-Weg

Keine Angst, der tut nichts! Im Gegenteil: Wer sich Nietzsche anvertraut, wird im Wald auf Märchenhaftes stoßen.

Sobald man den Lamberger Wald betritt, wird man beobachtet. Ein grimmiger Mann mit Schnauzer guckt einem hinterher. Egal ob Frühling, Sommer, Herbst oder Winter – ständig scheint er verstimmt zu sein. Oder konzentriert er sich nur darauf, mal nicht über alles nachzudenken?

Nach ihrem Studium 1867 reisten Friedrich Nietzsche und sein Studienfreund Erwin Rohde nach Cham, um ein bisschen abzuschalten. Ihre Route lässt sich heute noch verfolgen: Ab dem Wanderparkplatz weisen die Schilder mit dem Gesicht des Philosophen den Weg.

Übersehen lässt sich der ernst dreinschauende Nietzsche nicht, ebenso wenig die Tafeln, auf denen Auszüge aus Rohdes Tagebuch stehen.

Auf dem Weg nach oben steigt man über Wurzeln und der Blick verheddert sich in dem satten Grün der Laub- und Nadelbäume. Amseln huschen über die Blätter vom Vorjahr und irgendwo macht ein Specht Jagd auf Insekten. Schön ist es hier! Das fanden auch Nietzsche und Rohde: »Mährchentrunken« wanderten sie, schreibt Rohde, darauf wartend, dass aus einer kleinen Schlucht die »Schlangenkönigin« hervorrausch. In »see-

Die Kirche ließ ihre Gotteshäuser gern dort bauen, wo in der Vergangenheit keltische Kultstätten standen. So könnte der »Spitze Stein« tatsächlich ein Überbleibsel der Kelten sein, auch wenn er einer Legende nach Teufelswerk ist.

liger Gedankenlosigkeit« starrten sie in die »wehenden Baumwipfel«, den »fernher grüßenden goldnen Nachmittaghimmel«. Aber nicht nur die Erlebnisse der beiden gibt's links und rechts vom Pfad nachzulesen. Da steht auch, dass das Feldkreuz von einem verhexten Holzdieb aufgestellt wurde und der »Spitze Stein« ein Teufelswerk ist – oder ist er am Ende doch »nur« ein Keltenstein?

Ein paar Steigungen später sind die 600 Meter des Lambergs erklommen: Die Spitze teilen sich eine Wallfahrtskirche und ein Gasthaus (www.wirtshaus-lamberg.de). Bei den steinernen Pilgerbänken können die vom holprigen Waldboden kribbelnden Wanderfüße hochgelegt werden. Hier dürfen auch eigene Getränke und Brotzeit verzehrt werden, das Chamer Becken im Blick.

Wenn alles aufgegessen und ausgetrunken ist, geht's bergab. Ein Stück folgt man der Teerstraße, dann lockt Nietzsche erneut tief in den Wald. Diesmal steht da zu lesen, dass 165 v. Chr. die Kelten hier eine Wallanlage gebaut haben (stimmt bestimmt) und zwei späte Heimkehrer einem unheimlichen Lichtlein nur knapp entkommen sind (stimmt bestimmt auch).

Nach einer weiteren halben Stunde entwischt man dem Wald endgültig und läuft ein kurzes Stück über eine grell leuchtende Wiese mit Blick auf die Cham-Further-Senke, gespickt mit kleinen Dörfern. Der Philosoph muss nun kurz warten: Ein kleiner Schlenker (rot-weiße Markierung) führt zum Ödenturm, dem letzten Rest der Burg Chameregg aus dem 12. Jahrhundert. Wer möchte, kann sich noch mal

Nach der Waldwanderung dann plötzlich dieser Ausblick: In der Cham-Further-Senke versteckt sich der Satzdorfer See. Wer eine Abkühlung braucht, sollte einfach weiter zum See wandern.

kurz auf die Bank setzen und über all die Legenden nachdenken, die gesammelt wurden, bevor es zurück zum Wanderparkplatz geht.

FAZIT: KLEINE LESEWANDERUNG. PERFEKT FÜR HEIßE SOMMERTAGE, DA DER WEG FAST NUR UNTERM BLÄTTERDACH VERLÄUFT.

Hin & weg: Wanderparkplatz Lamberg-Nietzsche-Weg.

Dauer & Strecke: ca. 1,75–2 Std. (je nach Leselust), 5 km.

Beste Zeit: Sommer, Herbst, wenn die Blätter vor der Sonne schützen.

Ausrüstung: Feste Schuhe. Im Sommer: Badesachen mitnehmen, wer noch einen Abstecher zum Satzdorfer See machen will.

VOM KLOSTER ZUM SCHLOSS

⤚ ... Radtour in die Dörfer Metten und Egg ⤙

Das eine strahlend und hell, das andere düster und geheimnisvoll: Kloster Metten und Schloss Egg liegen nah beieinander. Mit dem Rad sind beide erreichbar. Also los und strampeln – Belohnungen warten!

Es hat schon eine besondere Ausstrahlung und ist auch etwas düster, dieses Schloss Egg. Das fiel auch der Filmbranche auf, bereits zweimal diente es als Drehort: für die Filme »Bibi Blocksberg« und »Fünf Freunde«.

Ein Stück am Blauen Band entlang – so kann eine Fahrradtour beginnen. Nur ein paar Minuten vom Bahnhof Deggendorf entfernt schlängelt sich die Donau träge durch die nach ihr benannte Ebene. Während die meisten Ausflügler ihr flussabwärts folgen, geht es nach Metten in die entgegengesetzte Richtung.

In dem kleinen, schönen Dorf macht sich ein gelber, strahlender Riese breit: Schon vor über 1000 Jahren ließen sich Benediktinermönche in der Gegend nieder, bis heute wohnen sie im Kloster Metten. Sie kümmern sich um den Klostergarten und hüten ihren knisternden Schatz: die Klosterbibliothek mit ihren unzähligen Büchern. Dieser mit Malereien und Säulen aus der Barockzeit verzierte Raum mitsamt papierenen Schützlingen kann bestaunt werden.

Nach dem Besuch im Kloster folgt man dem Radweg Nr. 10. Jetzt heißt es in die Pedale treten! Oder schieben, denn der Paulusberg ist steil. Nach einem Wechsel von Wald-, Teer- und wieder Waldstraße, mal bergauf, mal bergab, taucht das nächste Ziel auf: Dorf Egg. Das Schloss – früher eine Ritterburg – war einst im Besitz des Klosters Metten, bevor es an den heutigen Eigentümer verkauft wurde.

Wer vom Parkplatz hoch zum Schloss sieht, entdeckt die Schlosskapelle und einen hohen, düsteren Turm: den Angstturm. 183 Skelette wurden bei einer Renovierung daraus geborgen. Vermutlich war es so, dass einer der früheren Burgherren Todesurteile verhängt hat. An einem Seil ließ er die Gefangenen Stück für Stück in den Turm hinab und forderte von ihnen Lösegeld. Waren sie zahlungs-

An der schönen blauen Donau versteckt sich so mancher Schatz. Einer davon befindet sich im Kloster Metten und hört auf den Namen »Bibliothek«. Wer lieber an Blumen statt an Büchern schnuppert, wird im Klostergarten fündig.

willig, wurde das Seil durchschnitten und ein schneller Tod gewährt. Weigerten sie sich, mussten sie auf dem Grund des Angstturms ihren letzten Atemzug abwarten ... Die Gänsehaut lässt sich gut im Biergarten des Schlosses auskurieren. Oder am Ufer der glitzernden Donau, zu der man zurückradelt, bevor der Zug einen nach Hause bringt.

Tipp: GPS-Daten runterladen oder gute Karte besorgen – der Weg zwischen Metten und Egg ist schlecht ausgeschildert.

FAZIT: FAHRRADTOUR VOLL SPANNENDER GESCHICHTEN. GUTE KONDITION UND EIN GUTES FAHRRAD SIND HILFREICH.

Hin & weg: Bahnhof in Deggendorf.

Dauer & Strecke: 3,5 Std. (mit Besichtigungen), 20 km.

Beste Zeit: Mai–September. Öffnungszeiten unter www.kloster-metten.de und www.schloss-egg.de

Ausrüstung: Etwas zu trinken, evtl. Kleingeld für Schlossführung und Bibliothek.

NACH DEM REGEN KOMMT DAS RAUSCHEN

〉 … Wanderung durch die Steinklamm 〈

#4

Oben: düster-nadelig. Unten: schimmernd-grün. Und am Wasser: weich-moosig. In der Steinklamm zeigt die Natur auf wenig Fläche, was sie alles kann. Umso mehr, wenn es kurz zuvor geregnet hat.

Im Sonnenschein ganz zahm, bei Regen wild und ungestüm: Die Kraft der Großen Ohe lockte einst Sägewerke, Zellstoff- und Papierfabriken an. Vor vielen Tausend Jahren formte das Wasser das Flussbett der Steinklamm.

Was passiert, wenn Wasser 100 Höhenmeter auf relativ kurzem Weg zurücklegen muss? Genau das, was Wanderer entlang der Großen Ohe entdecken können: Während sich am oberen Ende des Hangs ein Fichten-Buchen-Tannen-Mischwald breitmacht, hat unten ein Ahorn-Ulmen-Schluchtenwald das Sagen. Und in der Nähe des sprudelnden Bachs fühlen sich Sumpfdotterblume, Bachnelkenwurz und das Große Springkraut wohl. Die Steine am Rand sind hier mit weichem, hellgrünem Moos bewachsen, während die im Wasser liegenden über die Jahrtausende poliert und geglättet wurden.

Sieben Kilometer führt der Rundwanderweg »Steinerne Forelle« durch das romantische Gebiet: von dem Glasmacherort Spiegelau aus in die Klamm hinab, am Stausee Großarmschlag vorbei und durch den Wald zurück zum Bahnhof. Von dort aus lässt sich gut starten. Es geht durch den kleinen Ort, bis man rechts auf die Steinklammstraße stößt. Dann dauert es nicht lang, bis das Rauschen der Autos einem anderen weicht: dem der Großen Ohe, dem Bergbach, der sich vom Großen Rachel seinen Weg zum Glasmacherort sucht.

Sobald die letzten Häuser hinter einem liegen, beginnt der Wald. Über Wurzeln und Steine führt der Forellenweg zur Großen Ohe. Blank gescheuerte Felswände ragen auf der anderen Seite des Baches auf und lassen erahnen, mit welcher Kraft er sich einst austoben durfte. Heute ist er etwas braver geworden: Seine Kraft wird für die Erzeugung von Ökostrom

Der Weg in der Klamm kann ganz schön herausfordernd sein. Stellenweise heißt es klettern, rutschen, festhalten! Am Kanal entlang ist es ruhiger und es bleibt Zeit, in den verwunschenen Nebelwald hineinzulauschen.

genutzt. Durch diese Schön-Wetter-Zahmheit lässt es sich auf einem größeren Stein sitzen und die Finger können testen, wie kalt das Bergwasser sogar an heißen Tagen ist. Aber wenn es regnet, erinnert sich die Große Ohe an ihre Wildheit und saust über die Steine, als gäbe es diese Hindernisse gar nicht.

Auch der restliche Weg zurück nach Spiegelau ist sehr schön. Waldluft schnuppernd steigt man hoch zum Stausee. Und der Kanal begleitet einen ein gutes Stück, bevor ein kleiner Anstieg kommt. Die letzten Baumstämme verlassen einen erst kurz vor Spiegelau, nach etwa einem Kilometer geteerten Weges ist man wieder am Bahnhof.

Tipp: Wer nach einem regnerischen Tag in die Steinklamm hinabsteigt, sieht, wie wild der Bergbach nach wie vor sein kann. Doch der Weg ist dann rutschig, Trittsicherheit und wasserdichte Schuhe sind Pflicht!

FAZIT: ROMANTISCHER AUSFLUG, DER MIT DEM BESUCH EINER GLASGALERIE IN SPIEGELAU ODER DEM NATURBAD KOMBINIERT WERDEN KANN.

Hin & weg: Bahnhof Spiegelau.

Dauer & Strecke: 2 Std., ca. 8 km.

Beste Zeit: Mai–Okt., der Weg ist erst nach der Schneeschmelze begehbar.

Ausrüstung: Unbedingt feste Schuhe, der Weg in der Klamm kann rutschig sein! Getränk mitnehmen.

STEINREICH UND TROTZDEM ARM

 ⇒ … Granitzentrum Hauzenberg ⇐

 **#5**

Als Fluch und Segen wurden sie von den ersten Siedlern empfunden: die Steine, die ihnen überall im Bayerischen Wald im Weg lagen und aus dem Boden spitzten. In Hauzenberg gibt es ein Granitzentrum und eine Wanderung, auf der man Überbleibsel eines Steinbruchs entdecken kann.

Die Arbeit im Steinbruch ist nicht ungefährlich, wie das Gedenkkreuz im Granitzentrum zeigt. Und doch waren die Leute froh um ihre Arbeitsplätze.

Rostbraun mit gelben Verfärbungen, strahlend Grau – so unterschiedlich kann Granit aussehen.

zu spalten und zu bearbeiten. Trotz moderner Technik ist der Beruf des Steinmetzes nicht leichter geworden. Der Lärm der Maschinen macht eine Unterhaltung unmöglich und der Feinstaub ist nach wie vor ein Riesenproblem.

Dass dieser Beruf auch früher gefährlich war, verrät die Statistik: Wer Steine klopfte, wurde im Durchschnitt nicht älter als 35 Jahre. Dennoch arbeiteten zu Hochzeiten 3000 Steinmetze im Bayerischen Wald, denn die Männer und Frauen waren froh um die neuen Arbeitsstellen.

Etwa 20 Steinbrüche gibt es heute noch in der Region Bayerischer Wald. 500 Leute verdienen in den staubigen Kesseln ihr Brot damit, Blöcke aus Berghängen herauszusprengen, diese

Am Eingang der Steinwelten steht in Großbuchstaben das Wort »Granit«. Im Museum selbst gibt es eine interessante Ausstellung zur Entwicklung der Gesteinsarten und des daraus entstehenden Erwerbszweigs. Hingegen wird im Außenbereich des Zentrums die Theorie von der Praxis abgelöst: Dort kann man sich ansehen, wie es in einem ehemaligen Steinbruch zuging, sogar eine Kantine ist noch erhalten.

Wer sich lange genug im Museum herumgetrieben hat, nimmt gleich links vorm Eingang der Steinwelten den Schleichweg zur Straße und folgt dem Wanderweg Nr. 4 links die Anhöhe hinauf. Bei diesem Rundwanderweg können einige Stationen des ehemaligen Steinbruchs Schachet entdeckt werden. Oben am Hügel angekommen blickt man

Auch für die Ohren war der Alltag im Steinbruch eine Herausforderung: Es muss ganz schön laut zugegangen sein, als auf dieser Strecke einst die Wagen entlangdonnerten!

auf den Königssee, dessen trübes Wasser einen Teil des Steinbruchs überdeckt. Dann geht's am Waldkindergarten vorbei und man trifft auf eine Mauer, die ein Überbleibsel des Schotterwerks ist, wo früher Brocken zerkleinert wurden. Der »Erdrutsch«, der kurz darauf zu sehen ist, war die Bremsberganlage, auf dem die vollen Wagen 150 Meter nach unten donnerten zu den Gleisen, die einst Hauzenberg mit Passau verbanden.

Seit dem Zweiten Weltkrieg wächst Gras über die Stätte des Schachet-Areals und die überflüssig gewordenen Gleise der Regionalbahn Passau-Hauzenberg. Aber die Geschichte der Steine ist unweigerlich mit der des Bayerischen Walds verbunden. An kaum einem anderen Ort wird dies deutlicher als hier, am Rande von Hauzenberg.

FAZIT: EINBLICK IN DIE GESCHICHTE DES BAYERISCHEN WALDS. BEI DER WANDERUNG WIRD GREIFBARER, WIE WICHTIG DEN MENSCHEN VOR ORT DER STEINBRUCH WAR.

Hin & weg: Parkplatz am Granitzentrum in Hauzenberg; für den Rundweg der Nr. 4 folgen.

Dauer & Strecke: Besuch des Zentrums ca. 1,5–2 Std., Wanderung 45 Min., ca. 3 km.

Beste Zeit: Immer. Öffnungszeiten unter www.granitzentrum.de

Ausrüstung: Kleingeld für den Eintritt; feste Schuhe, Trinken und Essen für die Wanderung; Einkehrmöglichkeit ebenfalls vorhanden – aus dem Innenhof des wunderschönen Gidibauer Hofs (www.gidibauer.de) will man gar nicht mehr weg.

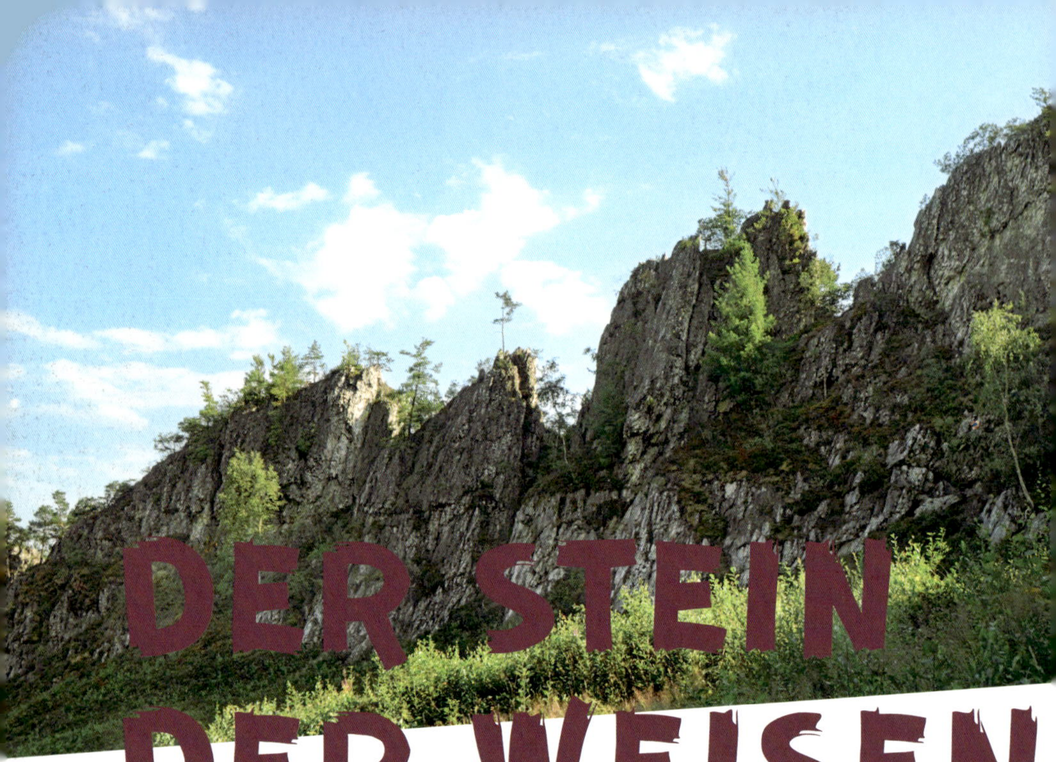

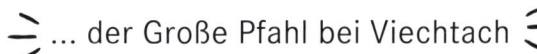

DER STEIN DER WEISEN

… der Große Pfahl bei Viechtach

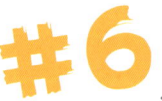

#6

Ein magisches Wesen, wertvolle Steine und ein Tier, das bei Gefahr fürchterlich stinkt. Der Quarzbruch bei Viechtach steckt voller Geschichten und Schätze, die bei einem kurzen Rundgang entdeckt werden können.

#KlopfenundHämmern #Steinbruch #Geotop

Fast schon unheimlich grün leuchtet die Schwefelflechte auf dem Rücken des schlafenden Drachens bei Viechtach.

Klopfen und Hämmern sind verklungen. 100 Jahre lang schlug man hier dem »Drachen« Kopf und Schwanz ab. Erst 1992 hatten die Menschen genug: Der Steinbruch wurde geschlossen und das Geotop Flora und Fauna überlassen, die es sich heute eifrig zunutze machen. Steht man am Großen Pfahl, sieht er tatsächlich aus wie ein Drache. Halb vergraben zwar, aber eindeutig erkennbar durch die zerklüfteten Zacken, die in die Luft ragen. Uralt ist das magische Wesen von Viechtach: Als vor 275 Millionen Jahren die Erde ihre Plattenfäuste aneinander rieb, entstanden in bis zu sechs Kilometern Tiefe Risse, in die sich flüssiges Gestein hineinmogelte. Im Laufe der Zeit wurden die oberen Schichten

Einst schufen Menschen diesen Steinbruch, den sich die Natur zurückerobert hat. Auf den unwirtlichen Felszacken schwingt sich die Krüppelkiefer zu Höchstleistungen auf.

abgetragen und hervor kam der Quarz, der sehr widerstandsfähig ist und deswegen heute noch herausspitzt. Das trotzige Gestein durchzieht den Bayerischen Wald von Nord nach Süd, von Nabburg bis Passau, 150 Kilometer insgesamt. Und es ist heiß begehrt: Mal landet es als Schottermaterial auf der Straße, mal wird es zu Silizium weiterver-

Wild und zerfurcht sieht der Quarz aus. Doch verfügt er über eine Widerstandskraft, die ihn Jahrtausende überdauern ließ. Zu seinen Füßen wachsen schüchterne Apfelbäumchen.

arbeitet, das wiederum für Solarzellen- und Mikrochiplegierungen benötigt wird.

Im Drachen selbst stecken weitere Schätze: Milch- und Rauchquarz findet man des Öfteren, aber auch Bergkristalle schlummern hier. Der wasserreine Kristall verleiht seinem Träger angeblich Weisheit und Mut – ein richtiger »Stein der Weisen«, wie er im gleichnamigen ersten Buch und Film von »Harry Potter« vorkommt.

Im ehemaligen Quarzbruch unweit des Drachens haben sich heute so einige Pflanzen und Tiere niedergelassen. Während sich auf dem Gestein die giftgrün leuchtende Schwefelflechte festkrallt und Krüppelkiefern an den unglaublichsten Stellen aus dem Quarz herauswachsen, verstecken sich in den Tümpeln Gelbbauchunken, die sich bei Gefahr auf den Rücken legen, dem verfressenen Feind den gelb gefärbten Bauch entgegenstrecken und zugleich ein stinkendes Sekret absondern. Und in den Felsen nisten Mopsfledermäuse, die von November bis März Winterschlaf halten und deren Körpertemperatur dabei auf unter fünf Grad fällt. Das Herz schlägt in diesen Monaten ein- bis zweimal pro Minute.

Entdecken lassen sich all diese Schätze auf eigene Faust. Vom Wanderparkplatz zweigen mehrere Wege ab, der Große Rundweg nimmt etwa eine Stunde in Anspruch. Noch besser aber: eine Tour mitmachen, die von der Touristeninfo Viechtach organisiert wird. Einfach anrufen und fragen, wann die nächste Führung stattfindet (www.viechtacher-land.de).

FAZIT: BESTENS GEEIGNET, UM NACHZUVOLLZIEHEN, WIE DER BAYERISCHE WALD ENTSTANDEN IST. DEN EHEMALIGEN STEINBRUCH HABEN SICH TIERE UND PFLANZEN ZURÜCKEROBERT.

Hin & weg: Wanderparkplatz Großer Pfahl oder mit der Waldbahn nach Viechtach und zum Pfahl laufen.

Dauer & Strecke: Der Große Rundweg misst etwa 4 km, 1 Std. reine Gehzeit dafür einplanen. Aber es gibt so viel zu entdecken – da vergeht locker mehr Zeit! Und bitte: Wegegebot beachten. Die Bewohner des Naturschutzgebiets brauchen ihre Ruhe.

Beste Zeit: Sommer.

Ausrüstung: Verpflegung, feste Schuhe, Hammer und Meißel. Nur ein Witz! Der Pfahl darf natürlich nicht bearbeitet werden, aber am Klopferplatz kann man mitnehmen, was man findet. Auch den Stein der Weisen.

EINFACH NICHTS TUN

⋛ ... ein Tag am Freudensee ⋚

#7

Wenn die Sonne auf den Asphalt knallt, dass er schmilzt wie Eis, dann ist es höchste Zeit für einen Tag am See. Zum Glück gibt es bei Hauzenberg im Süden des Bayerischen Walds ein Gewässer, das seinem Namen alle Ehre macht: den Freudensee. Die heutige Tour also? Badezeug einpacken und sich die Sonne auf den Bauch scheinen lassen.

Eine der größten Herausforderungen der Menschheit heutzutage dürfte sein: einfach mal nichts tun. Es ist aber auch wirklich nicht einfach, alle Verpflichtungen sein zu lassen, das Smartphone auf stumm zu stellen und sozusagen aktiv inaktiv zu sein. Umso öfter sollte man sich in diesem Nichtstun üben. Und das geht hervorragend am Freudensee am Rande der Stadt Hauzenberg, der schon Jahrhunderte alt ist und früher für die Hammermühle gebraucht wurde, während heute mithilfe der Wasserkraft Strom erzeugt wird.

Inmitten fichtengrüner Hügel liegt der Stausee, ausgerüstet mit einem kleinen Kiosk, einer Schwimminsel, einem Steg und sonst – nichts. Kein Tretbootverleih, kein Stand-up-Paddling-Angebot. Wahrscheinlich ist deswegen weniger los als anderswo und die Erholung gelingt umso besser. Selbst die Straße hält sich dezent im Hintergrund, die Bäume am Hügelrand fangen das Brummen gut ab und geben Acht, dass die Inaktivität nicht allzu sehr gestört wird.

Dieser kann man sehr gut auf der großen Liegewiese gleich hinterm Kiosk frönen. Dort gibt es zwar eine Schaukel und ein Beachvolleyballfeld, aber die kann man beide getrost hängen und stehen lassen. Schließlich geht es nun einfach darum, die Decke auszubreiten und so viel Haut wie möglich in der Sonne schmelzen zu lassen. Und erst dann, wenn es nicht mehr auszuhalten ist, zum Wasser hinunterzulaufen und in den kühlen See zu steigen (vom Hineinspringen sei abgeraten – der Wasserstand rund um den Steg lässt das nicht zu). Schwimmzug um Schwimmzug entfernt man sich vom Stress, wenigstens einen ganzen herrlichen Sommertag lang.

Den See umrunden, sich in ein Boot schwingen oder doch lieber gleich auf dem Handtuch in die Sonne blinzeln? Alles kann, nichts muss.

Übrigens: Wer es wirklich gar nicht aushält auf dem Handtuch, der kann eine Runde um den See drehen. Auf dem 1,6 Kilometer kurzen Weg lässt sich der Rest des Ufers erkunden. Und für unverbesserlich Aktive gibt es noch die Möglichkeit, auf dem Wanderweg Nr. 10 auf den knapp 800 Meter hohen Staffelberg hochzulaufen.

Hin & weg: Direkt am See gibt es einen kostenlosen Parkplatz.

Dauer & Strecke: Rundweg See ca. eine halbe Std., 1,6 km; Wanderung auf den Staffelberg ca. 2 Std. hin und zurück.

Beste Zeit: An jedem schönen Sommertag!

Ausrüstung: Badezeug, der Kiosk am See bietet alles, nach dem einem im Sommer der Sinn steht.

FAZIT: FÜR ALLE, DIE MAL WIEDER AB-SCHALTEN WOLLEN. UND DENEN DER SINN NACH BADEN STEHT, NATÜRLICH.

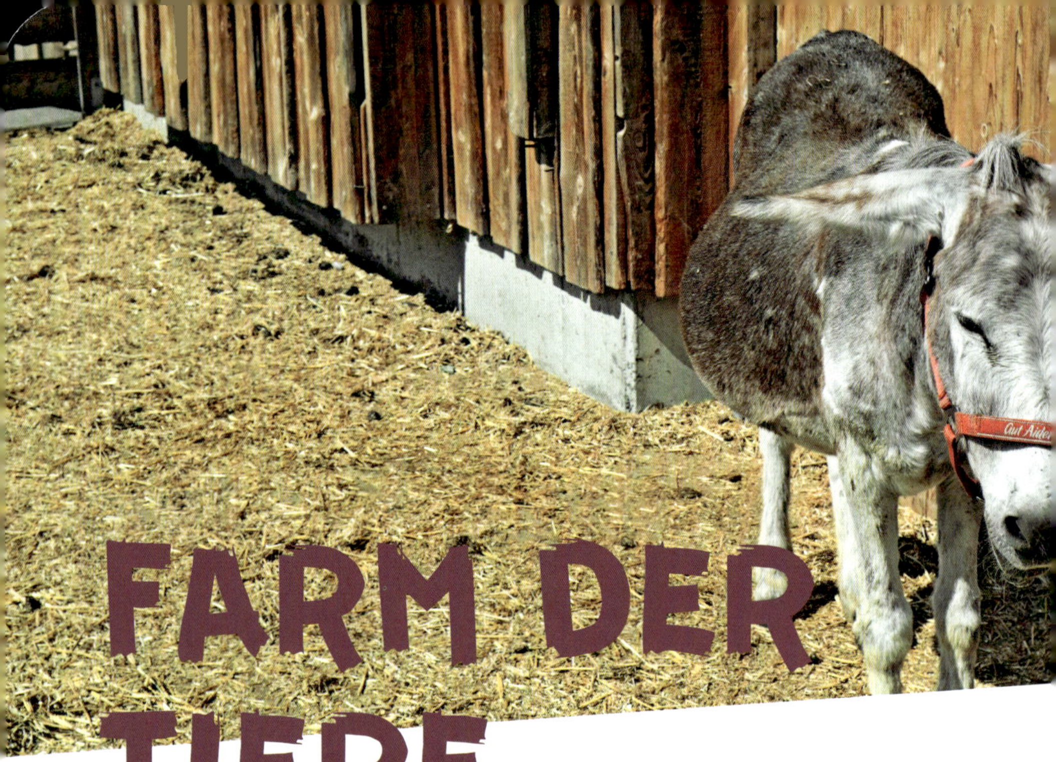

FARM DER TIERE

... Gut Aiderbichl bei Eichberg

#8

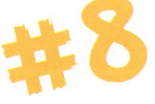

In George Orwells Novelle »Farm der Tiere« reißt ein Schwein die Macht an sich und regiert gleich einem Diktator über die restlichen Farmbewohner. Auf Gut Aiderbichl kommen ebenfalls die Tiere an erster Stelle – hier aber zählt einfach nur das Für- und Miteinander.

#Tierparadies #MenschundTier #Streicheleinheiten

Auch Kinder fühlen sich auf Gut Aiderbichl wohl und können mit den Tieren auf Tuchfühlung gehen.

Beim ersten frei herumlaufenden Pferd hält man wahrscheinlich noch leicht angespannt nach einem Tierpfleger Ausschau. Wenn man jedoch zehn Meter weitergeht und einer Her-de Esel begegnet, die sich direkt neben dem Weg zum Hauptgebäude hochgrast, versteht man langsam, dass dies zum Konzept gehört. Auf Gut Aiderbichl sind die Tiere frei, sie be-

Auf Gut Aiderbichl herrscht kein Leistungsdruck. Außer der, möglichst viel Sonne abzubekommen und den Heuhaufen nach den besten Halmen zu durchstöbern.

stimmen, wo es langgeht. Und es ist völlig okay, wenn sie an den Besuchern vorbeitraben, denn die sind hier diejenigen, die aus dem Weg hüpfen müssen.

Der frühere Schauspieler Michael Aufhauser hatte es satt zuzusehen, wie manche Tiere behandelt werden. Er gründete 2001 den ersten Gnadenhof in Henndorf (Österreich) mit 25 geretteten Tieren. Ziemlich schnell bekam der Hof immer mehr Zulauf, sodass bald auf Außenhöfe ausgewichen werden musste. So päppelt man heute nicht nur in Österreich Tiere auf, sondern auch in der Schweiz, in Frankreich und Deutschland.

Auf Gut Aiderbichl bei Deggendorf stehen Kühe, Polizeipferde, Esel. Hunde bellen und

Ziegen und Schafe grasen gemütlich vor sich hin. Im schattigen Hinterhof des Hauptgebäudes mit dem Café und einer Dauerausstellung haben einige Kaninchen und Hasen ihr Reich, während etwas weiter vom Hauptgebäude entfernt ein riesiger Taubenunterschlupf ist und West-Highland-Rinder in der Sonne fläzen. Ein wenig seltsam mutet die Villa an, die

Hin & weg: Gut Aiderbichl liegt direkt in Eichberg bei Deggendorf, der Weg ist ausgeschildert.

Dauer & Strecke: Je nach Lust und Laune kann man mehrere Stunden dort verbringen.

Beste Zeit: Der Hof ist das ganze Jahr über geöffnet. Mehr unter www.gut-aiderbichl.com

Ausrüstung: Etwas Kleingeld für den Eintritt, im Café gibt's was zu essen und zu trinken.

Sie lebten von Anfang an auf dem Gnadenhof: 2006 startete Gut Aiderbichl mit zwölf Pferden. Auch ehemalige Polizeipferde sind darunter.

eigens für Katzen reserviert ist. Sobald jedoch die ersten struppigen, teils vernarbten Bewohner um die Beine schleichen, ist nachvollziehbar, wieso diese Tiere ihre Ruhe brauchen.

Natürlich können einen die herzzerreißenden Geschichten, die an den Stalltüren kleben, leicht überfordern, und auch die Schilder, die zu Spenden aufrufen. Aber wem das zu viel ist, der liest eben einfach weniger und streichelt mehr. Und egal ob man von all den Schicksalen etwas wissen will oder nicht: Letztendlich geht es nur darum zu sehen, dass die Tiere auf dem Gut ein neues Zuhause gefunden haben und hier zufrieden ihren Lebensabend verbringen können. Und mit dem Besuch kann man selbst zum Erhalt dieses wertvollen Zuhauses beitragen.

FAZIT: MIT TIEREN AUF TUCHFÜHLUNG.

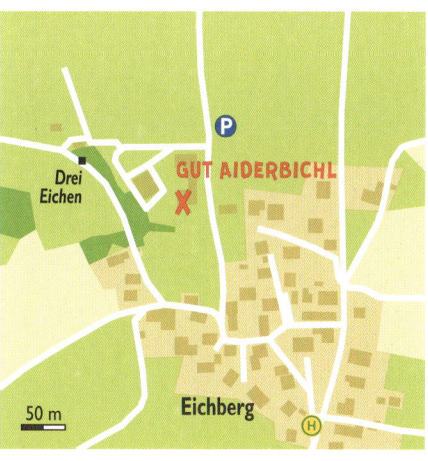

MITTEN IM RAUSCHENDEN FLUSS

 ... Eisvogelsteig bei Nößwartling

#9

Als Mensch würde man sich nie sein Haus mitten im Fluss bauen. Das ist auch okay so. Das tun schließlich schon Fische, Biber und Co. Wie es sich für sie anfühlt, zu dieser rauschenden Lebenswelt zu gehören, lässt sich auf einem kurzen Themenpfad nachempfinden: auf dem Eisvogelsteig, der einen in die Fluten entführt.

dient. Mit Wathosen und Audioguide ausgerüstet hangeln sich die Besucher von Station zu Station. Bei den Stopps wird auf witzige und informative Weise etwas zu den Flussbewohnern erzählt.

So lauscht man Geschichten über die Wasserfledermäuse, die in dunklen Höhlen nisten, oder hört vom Fischotter, der bis zu 1,40 Meter lang werden kann. Auch wie Sandbänke entstehen, wird dem Flussbesucher ins Ohr geflüstert. Oder dass der Eisvogel an der Außenseite von Flusskurven nistet und einen 1,5 Meter tiefen Gang in die Erde gräbt, an dessen Ende sich sein Nest befindet. Durch Flussbegradigungen und weitere Eingriffe der Menschen sind diese schillernden Vögel besonders gefährdet, da sie kaum noch geeignete Niststellen finden.

Während all dies über die Kopfhörer erzählt wird, tappen die Füße langsam vorwärts, über

Ein wenig mulmig kann einem da schon werden. Die Beine sind zwar geschützt durch die wasserdichte Wathose, aber trotzdem kriecht sie hindurch: die Kälte des Wassers. Dazu kommt der Druck der Wassermassen, der den Körper zusammenpresst, als würde der Fluss einen etwas zu fest umarmen. Doch dann folgt der erste Schritt und der zweite und dritte – und schon steht man mitten in der Chamb und fühlt sich trotz des strömenden Wassers sicher.

In dem kleinen Ort Nößwartling hatte der Landesbund für Vogelschutz (LBV) vor etwa zehn Jahren nicht nur eine richtig gute Idee, wie man den Besuchern das Leben in und um den Fluss Chamb näherbringen könnte – er hat sie auch erfolgreich umgesetzt: In den kalten Fluten stecken 15 Eisenstangen, verbunden mit einem Edelstahlkabel, das zur Sicherung

Hin & weg: Mit dem Auto nach Nößwartling bei Arnschwang oder mit dem Zug nach Arnschwang und von dort aus eine halbe Stunde zum LBV laufen.

Dauer & Strecke: Für den Eisvogelsteig sollte man ca. 30 Min. einplanen, der Rundweg ist ebenfalls in einer halben Stunde zu schaffen (Labyrinth nicht eingerechnet), ca. 2 km.

Beste Zeit: Öffnungszeiten und Informationen unter www.cham.lbv.de

Ausrüstung: Kleingeld für den Eisvogelsteig, Wasser und Brotzeit.

15 Eisenstangen stecken im Fluss. An diesen Stationen erfahren Besucher alles über die Chamb und ihr Bewohner. Danach geht's auf Entdeckungstour zu einem Weidenlabyrinth.

Steine, Kiesel und Sand, immer darauf bedacht, dass der Fluss nicht zu neugierig wird und über den Rand der Wathose schwappt. Rund um den kurzen Steig neigen Weiden und Erlen ihre Äste und Zweige herab, smaragdgrüne und knallblaue Libellen schweben vorbei, während immer wieder Fische vorbeischauen und den Kopf über die seltsamen Wesen zu schütteln scheinen, die sie da besuchen kommen.

Viel zu schnell ist die halbe Stunde rum und der Ausstieg erreicht. Die ersten Schritte zurück an Land fühlen sich seltsam an, die Umarmung des Flusses fehlt. Wer möchte, kann die Wathosen und Audioguides nun zurückgeben und noch den Naturpfad entlanglaufen, der durch die wilde grüne Auenlandschaft führt und wo ein Weidenlabyrinth auf Neugierige wartet.

FAZIT: NÄHER AM LEBEN IM UND UMS WASSER KANN MAN NICHT SEIN. UNBEDINGT AUSPROBIEREN!

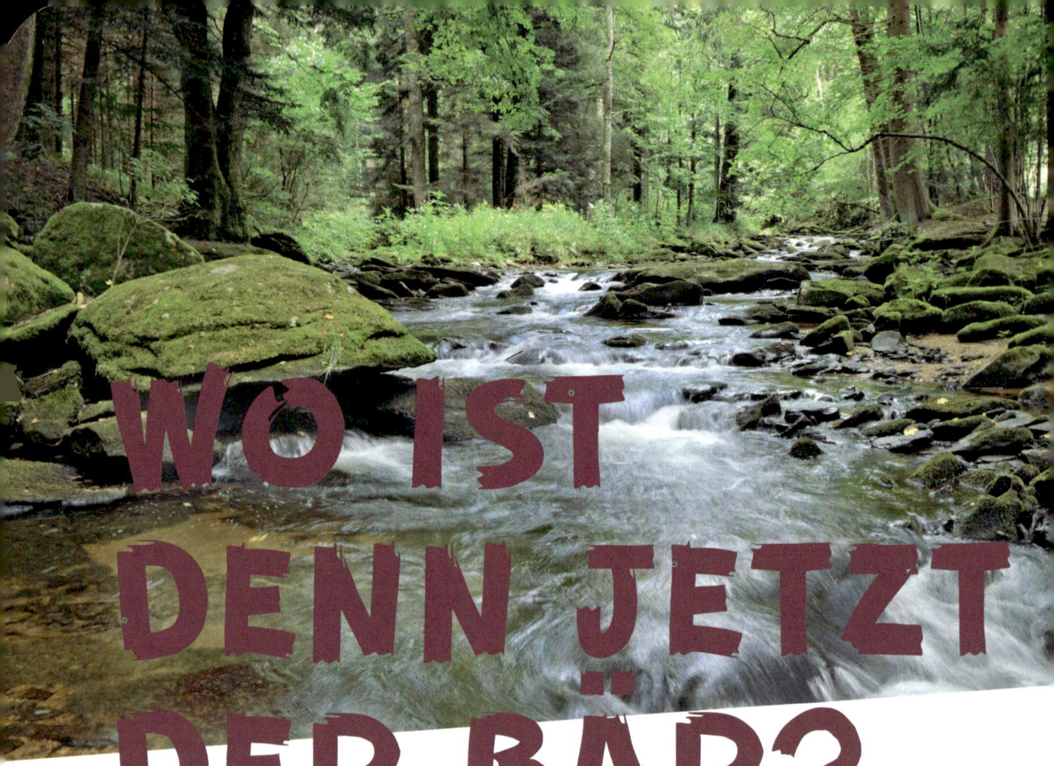

WO IST DENN JETZT DER BÄR?

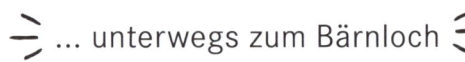

... unterwegs zum Bärnloch

#10

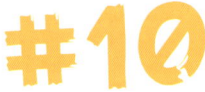

Gleich vorweg, um Enttäuschungen zu vermeiden: Im Bärnloch bei Eidenberg, diesem schönen Grenzfleckchen zwischen Bayern und Österreich, gibt es gar keine Bären. Dafür einen plätschernden Bach, Riesenfelsen und einen Aussichtsturm. Und wer will, hüpft danach noch in den See.

#Landesgrenze #Auwald #Bachlandschaft #keinBärinSicht

Könnten die Rillen im Fels von Bärentatzen stammen? Wahrscheinlich nicht. Aber vielleicht kam hier doch mal ein Bär durch – wer weiß?

Da, direkt neben dem Bach, steht ein Baum, der ein Schild verschlingt. Ganz genüsslich scheint er es aufzufressen, Zentimeter für Zentimeter. Auf dem Schild steht Landesgrenze. Bäume halten wohl nicht allzu viel von Grenzen, was das Bärnloch noch viel schöner macht.

Der Osterbach markiert die Grenze zu Österreich und toll wäre es, gäbe es eine Brücke ans andere Ufer! Früher existierte eine solche Möglichkeit für den Personen- und Pferdeverkehr, jedoch ging die Brücke irgendwann kaputt und wurde nicht wiederaufgebaut. So

47

Einst stand hier ein E-Werk, bis es unter der Last der Schneemassen zusammenbrach. Alles, was davon übrig blieb, ist die mit Moosen bewachsene Steinmauer.

bleibt man eben auf der bayerischen Seite des Osterbachs und läuft direkt an diesem entlang. Es rauscht und plätschert, immer wieder tauchen Stromschnellen und schließlich auch

Wasserfälle auf. Bei diesen steht noch eine bröselige Steinmauer, das Überbleibsel eines alten E-Werks. 1944 veranstalteten Schneemassen ein Armdrücken mit dem Gemäuer, wobei der Schnee gewann und das E-Werk kaputtging. Ein Stück weiter den Bach hinauf finden sich erneut Spuren aus der Vergangenheit: Hier war einmal eine Sägemühle in Betrieb, doch auch sie unterlag dem mächtigen Winter.

Wer weiterwandert, muss nun den Bach hinter sich lassen und tritt ein Stück aus dem Auwald raus. Kurz wechselt der Belag unter den Füßen: Der Feldweg wird zur Teerstraße, die ein paar Meter bergauf führt, bevor man sie wieder verlässt und sich links erneut dem Wald zuwendet. An einer kleinen Kapelle und einem Kletterfelsen vorbei läuft man hoch zum Eidenberger Lusen auf 733 Meter Höhe.

Verloren gehen kann man bei dieser Tour eigentlich nicht, der Rundweg am Osterbach ist gut ausgeschildert. Auch wenn die Fichte irgendwann das Grenzschild ganz aufgefressen haben dürfte.

Seinen Namen erhielt der Berg, als damals die Grundstücke zu seinen Füßen verlost wurden. Von oben aus sieht man das Dreisesselgebirge, hinter dem sich Tschechien verbirgt. Zurück zum Ausgangspunkt ist es nun nicht mehr weit. Der Weg wird gesäumt von riesigen Felsen, die mit Moos bewachsen sind und teilweise Höhlen aufweisen. Diese warten auf mutige Abenteurer. Ob sich in einer davon nicht doch noch ein Bär verbirgt? Wer weiß ...

Bevor es zurück zum Parkplatz geht, nun aber die Auflösung: Der Name Bärnloch leitet sich von dem Namen des E-Werk-Besitzers ab, dem Bauern Perr vom Pernhof. Er besitzt im Wald ein Flurstück, und wer etwas sanfter mit dem P um- und das E ein wenig ärger angeht, kann den irreführenden Namen der Klamm nachvollziehen.

Tipp: Am Rannasee zwei Autominuten von Eidenberg entfernt kann man sich noch sonnen und ins Wasser hüpfen.

FAZIT: WER MIT BÄREN RECHNET, WIRD ENTTÄUSCHT WERDEN. WER EINE SCHÖNE BACHLANDSCHAFT ERLEBEN UND GROßE FELSEN BESTAUNEN WILL, IST HIER GENAU RICHTIG.

Hin & weg: Wanderparkplatz in Eidenberg.

Dauer & Strecke: 1,25 Std., 6 km.

Beste Zeit: Sommer – mit anschließendem Bad im Rannasee.

Ausrüstung: Feste Schuhe, Trinken und Essen, eventuell Badesachen.

DEM HIMMEL NAH

 … Baumwipfelpfad bei Neuschönau

 **#11**

Er liegt dem Rachel und Lusen zu Füßen: Der Holzpfad schlängelt sich lautlos durch den Fichten-Buchen-Tannen-Wald wie eine Ringelnatter. Und doch ist der Weg aufregend und abenteuerlich mit seinen Erlebnisstationen und natürlich dem Ausblick, der auf einen wartet.

44 Meter ist das Holzei hoch. An manchen Augusttagen hat der Pfad so lange geöffnet, bis die Sonne in ihr goldenes und rotes Bett verschwunden ist.

Bevor jedoch der Höhepunkt des Baumwipfelpfads erreicht ist, muss man erst mal klein anfangen: Nach der Kasse geht es direkt los, die Holzbretter befinden sich zunächst auf acht Meter Höhe, doch der Abstand zum Boden steigert sich fast unmerklich auf 25 Meter. Auf riesigen Baumstämmen wurde dieser Pfad gezimmert. Wer sich traut, sollte einen Blick über das Geländer werfen – danach sieht man kopfüber kletternden Eichhörnchen wahrscheinlich mit mehr Respekt zu.

Auf dem Weg zum Aussichtsziel gibt es drei Erlebnisstationen, kleine Abzweigungen, die eine Herausforderung für Nerven und Füße sind. Wer es schafft, wacklige Balken und dünne Seile mit Durchsicht bis zum weit entfernten Waldboden zu überqueren, darf ruhig stolz auf sich sein und sich den Baumbewohnern ein Stückchen näher fühlen. Auf dem Ruhedeck gibt es einen weiteren Nervenkitzel: eine grobmaschige Hängematte, in die sich reinlegen kann, wer mutig genug ist …

Nachdem sich die flatternden Nerven beruhigt haben, ist es nicht mehr weit zur Spitze des Baumturms. 500 Meter fehlen noch bis zur Aussicht, die sich plötzlich in alle Himmelsrichtungen auftut und das Herz erneut höherschlagen lässt.

Tipp: Im Anschluss lohnt sich ein Besuch im Hans-Eisenmann-Haus, das viele Infos zum Wald bietet. Außerdem liegt auf der anderen Straßenseite gleich das Tierfreigelände. Hier leben Bären, Wölfe, Luchse und Elche, also ruhig ein paar Stunden mehr Zeit einplanen und auch dieses Areal erkunden.

Am Ende der 1,3 Kilometer inmitten ehrwürdiger Fichten, Tannen und Buchen lauert es: das hölzerne Überraschungsei, zu dessen Spitze sich ein Holzpfad hinaufwindet. Schritt für Schritt schrumpfen die Bäume um einen herum, während man selbst immer weiter Richtung Himmel strebt. Auf den letzten Metern zur Plattform lässt man die Baumspitzen unter sich, huscht die wenigen Stufen empor, die noch von dem Panoramablick trennen, und dann – endlich – geht es nicht mehr höher: 44 Meter weit ist der Erdboden nun entfernt. Von der Aussichtsplattform des Baumwipfelpfads scheinen die wilden Gipfel von Rachel und Lusen zum Greifen nah, die Städte und Dörfer des Bayerischen Walds sind zu legoähnlichen Gebilden geschrumpft.

Schwindelfrei muss man eigentlich nicht sein, um bis ganz nach oben zu laufen. Aber etwas Mut gehört schon dazu, manche der abenteuerlichen Abzweigungen zu meistern.

Hin & weg: Parkplatz P1 (gebührenpflichtig) am Tierfreigelände Neuschönau oder mit dem Igelbus (Haltestelle Nationalparkzentrum Lusen), der z. B. von Grafenau, Freyung oder Spiegelau losfährt.

Dauer & Strecke: Für den 1,3 km langen Weg braucht man keine Ewigkeit. Aber Zeit lassen sollte man sich trotzdem für die Wegvarianten, Infotafeln, die Hängematte und natürlich die Aussicht.

Beste Zeit: Immer – außer bei Gewitter, dann ist der Pfad aus Sicherheitsgründen gesperrt. Öffnungszeiten unter www.neuschoenau.de

Ausrüstung: Kleingeld für den Eintritt, etwas zu trinken. Verpflegung gibt es auch im Hans-Eisenmann-Haus.

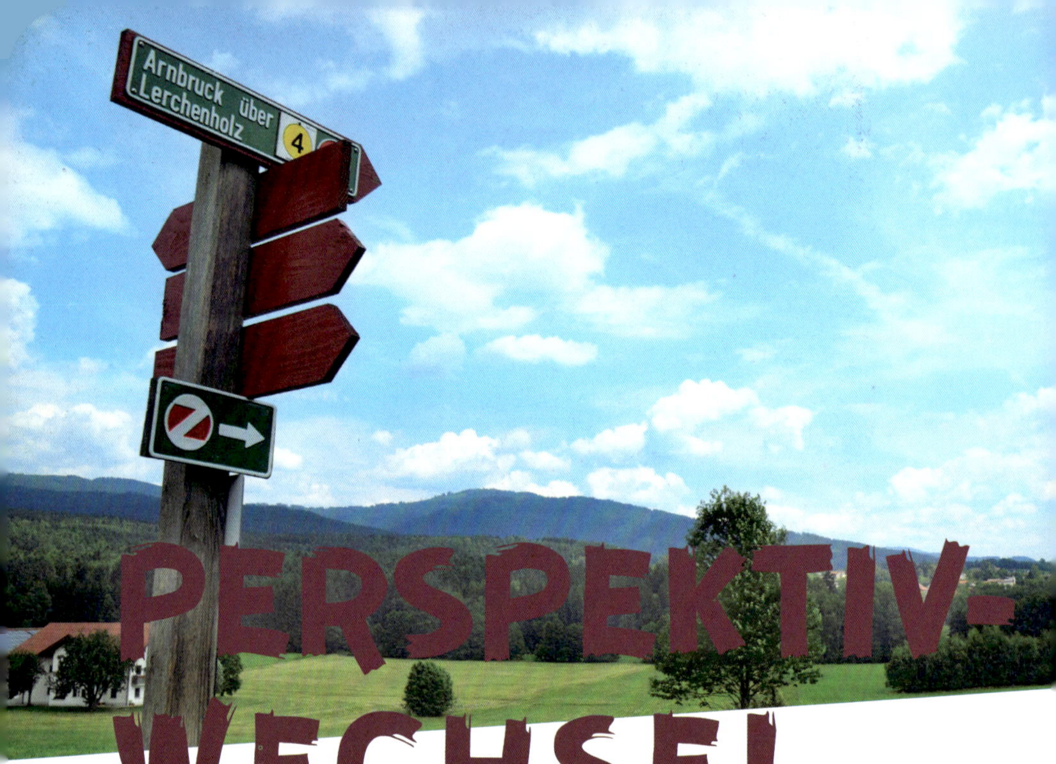

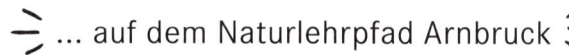

PERSPEKTIV-WECHSEL

… auf dem Naturlehrpfad Arnbruck

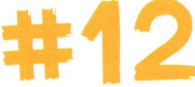

#12

Auf den ersten Blick scheint die Ortschaft nur aus Glas zu bestehen. Aber sieht man erst über diesen Erwerbszweig hinweg, erkennt man: Arnbruck kann mehr als Glas. Die Umwelt schützen nämlich – das zeigt sich auf dem Naturlehrpfad, der mitten durch die Landschaft führt.

#FortschrittundNatur #Umweltschutz #seltenePflanzenundTiere #Glaswelten

Viele Dörfer im Bayerischen Wald setzen nach wie vor auf Glaskunst. Ein Klassiker: die Glaskugel.

Ein riesiges Gebilde versperrt die Sicht auf das Dörfchen Arnbruck. Besucher strömen aus den Reisegruppenbussen, die auf zwei im Verhältnis zur Dorfgröße riesigen Parkplätzen ausharren. Elstern hätten wohl ihre wahre Freude an den glitzernden Gegenständen: an den Glasschmetterlingen, Glasfröschen, Glaskaraffen und natürlich an normalen Gläsern.

In Arnbruck steht das Glasdorf, ein großes, stolzes Gebäude, das sich ganz dem traditionellen Handwerk verschrieben hat. Aber Arnbruck hält nicht nur zu diesem Handwerk. Es versucht auch, Fortschritt und Natur in Einklang zu bringen. Bis vor einigen Jahrzehnten kam der Bayerische Wald noch ganz gut allein zurecht, doch als die Bundesregierung auf das

Maisfeld und indisches Springkraut (links) – beides, Landwirtschaft und Natur, findet rund um Arnbruck seine Daseinsberechtigung. Genauso die 200 Jahre alte Stieleiche (rechts).

Fleckchen aufmerksam wurde und beschloss, Straßen zu bauen und für Anschluss zu sorgen, änderte sich einiges in der Region und nicht alles entwickelte sich positiv.

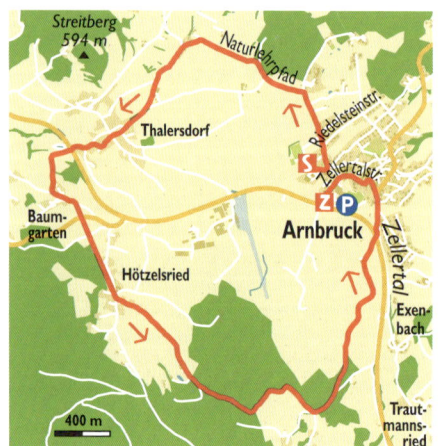

Das wird auf dem Naturlehrpfad deutlich, der an der Touristeninfo beginnt und erst mal über Magerwiesen führt. Magerwiesen sind ertragsarm, sie bringen den Bauern nicht wirklich Gewinn und kommen deshalb kaum noch in der Landwirtschaft vor. Aber sie bieten gefährdeten Arten wie Arnika und Orchidee eine Heimat und werden von der Arnbrucker Gemeinde gehegt.

Weiter geht's durch kleine Dörfer hindurch und an Weilern vorbei, immer an der Straße entlang mit Blick auf die grünen Hügel des Bayerischen Walds. Bis in die 1960er-Jahre gelang es dem Zellertal, sich komplett selbst zu versorgen. Der Naturlehrpfad streift Höfe, die heute noch regionale Produkte trotz der billigeren Importware in den Discountern anbieten, zum Beispiel Fleisch und Honig. Bald

Auf dem Weg durch Dörfer und Weiler kommt man an Glockenblumen vorbei, die sich sanft im Wind wiegen – und an traditionellen Totenbrettern. Wer an ihnen vorbeigeht, soll der Toten gedenken.

führt der Weg an einer etwa 200 Jahre alten Stieleiche vorbei, die majestätisch ihren Platz auf der Wiese beansprucht und ihre glaskugelähnliche Krone in den Himmel reckt.

Die Bemühungen der Anwohner um die Natur werden nicht nur landschaftlich belohnt: Schwarzstorch, Luchs und Fischotter – alle drei vom Aussterben bedroht – fühlen sich hier heimisch. Um mehr Lebensraum zu schaffen, wurden sogar Fichtenaufforstungen beseitigt.

Obwohl auf der Straße Lkws und Autos vorbeibrausen und der Glaspalast in Arnbruck glitzert, tut es gut zu sehen, dass ein Dorf sich nicht nur um lukrative Erwerbszweige kümmert, sondern auch um das Drumherum, die Wiesen und Wälder und deren Bewohner. Damit alle mit dem Wandel zurechtkommen.

FAZIT: EIN SPAZIERGANG, DER ZUM NACH-DENKEN ANREGT ÜBER DEN FORTSCHRITT UND SEINE AUSWIRKUNGEN.

Hin & weg: Arnbruck ist am besten mit dem Auto zu erreichen, parken lässt sich gleich am Ortseingang; eine Broschüre zum Naturlehrpfad gibt es in der Touristeninfo, dort beginnt auch der Naturlehrpfad.

Dauer & Strecke: 2,5 Std., ca. 9 km.

Beste Zeit: Immer.

Ausrüstung: Feste Schuhe, Verpflegung kann im Bauernladl (www.grassl-arnbruck.de) gekauft werden.

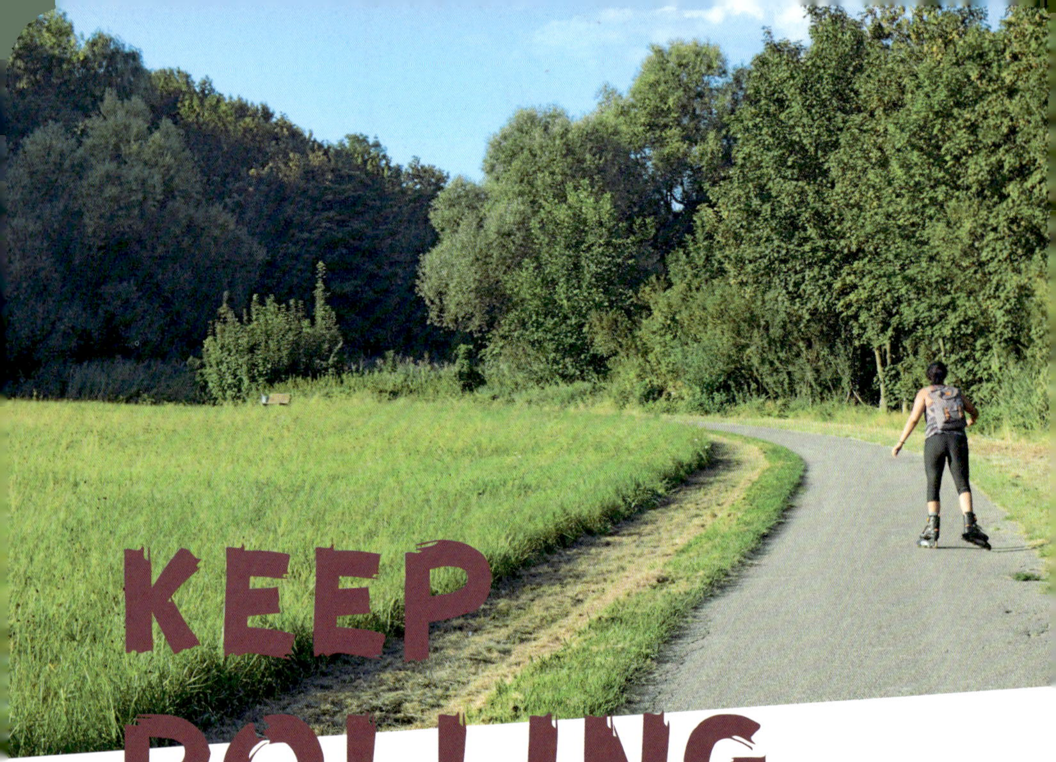

KEEP ROLLING

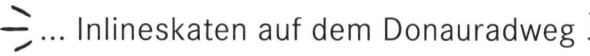

... Inlineskaten auf dem Donauradweg

#13

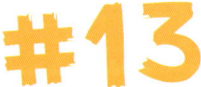

Ganz sanft ist diese Strecke. Kein Anstieg, keine Schotterpiste, keine fiesen Kurven. Der Donauradweg zwischen Straubing und Bogen eignet sich hervorragend für diejenigen, die noch nie oder schon ewig nicht mehr auf Inlineskates gestanden haben. Und das Beste: Zurück geht's mit dem Zug.

#Dahingleiten #AnderDonau #verlockendeEinkehr

Zehn Kilometer. Die sind locker zu schaffen. Sogar wenn man sich seit Jahrzehnten keine Rollen mehr an die Füße geschnallt hat. Denn der Kopf und die Beine erinnern sich schnell an die notwendigen Bewegungen: ganz locker bleiben, geschmeidig einen Fuß vor den anderen schieben und die Arme mitnehmen. Mit jedem erfolgreich zurückgelegten Meter steigert sich das Selbstbewusstsein und dadurch auch das Tempo. Und vielleicht kehrt sogar etwas von der lässigen Eleganz zurück, die man als Kind beim Skaten ausgestrahlt hat.

In Straubing unterhalb der Schlossbrücke ist ein guter Punkt, sich die Inlineskates anzuschnallen. Hier läuft die Strecke nämlich weg von der Hauptstraße in den Vogelauweg. Auf dieser Nebenstraße bietet sich die Chance, noch mal ein wenig zu üben und auch das mit dem Bremsen auszuprobieren. Wenn alles getestet ist, kann's auch schon losgehen. Immer dem Vogelauweg folgen, bis das erste Schild des Donauradwegs auftaucht, das einen zuverlässig bis zum Zielort Bogen begleitet.

Auf dem glatten, schnurgeraden Asphalt dahingleitend bleibt genug Zeit, die Landschaft zu bewundern. Unter der zweiten Brücke, der Agnes-Bernauer-Brücke, fließt die »Alte Donau«, ein Schleusenkanal. Im Hintergrund zeigen sich die Hügel des Bayerischen Walds und es dauert nicht lange, da erscheint schon die Kirche auf dem Bogenberg wie ein Leuchtturm in der Ferne.

Während sich die Alte Donau fortab ziert und hinter einem Wall versteckt, führt der Radweg durch das kleine, hübsche Reibersdorf hindurch mit verlockenden Einkehrangeboten direkt am Wegesrand. Wer möchte, kann in dem Biergarten einen Stopp einlegen. Sollte es nur an Wasser fehlen, kann die Flasche in Reibersdorf an einem Wasserspender kurz vorm Ortsausgang aufgefüllt werden.

Weiter geht es vorbei an einer Mini-Kläranlage und einer Infotafel zum Hügelrelief. Wer eine

»Alte Donau« wird der Schleusenkanal genannt (links). Bald geschafft: Der Sonnenuntergang vergoldet die letzten Kilometer nach Bogen. Ganz hinten auf dem Bogenberg war von Weitem die Wallfahrtskirche zu sehen.

kurze Pause braucht, macht hier Halt und guckt, was der Bayerische Wald so zum Gucken hergibt.

Ehe man sich's versieht, ist das Ziel erreicht. So unscheinbar Bogen auch wirken mag, früher spielten die Herren dieser Stadt eine nicht unbedeutende Rolle: Auf ihren Willen hin wurde ein Großteil des wilden Bayerischen Walds erschlossen und die blau-weiße Raute der Grafen von Bogen soll die Grundlage des heutigen Bayerischen Wappens sein.

Wer sich noch nicht genug bewegt hat, geht auf den Bogenberg zur Schlosskapelle hinauf. Ansonsten rollen die Skates fast wie von allein zum Bahnhof, wo der Zug müde Sportler zurück nach Straubing chauffiert. Dort gibt es am Marktplatz gute Einkehrmöglichkeiten.

FAZIT: WER SIE LANGE NICHT MEHR BENUTZT HAT, KANN AUF DIESER ANFÄNGERSTRECKE WIEDER ENTSPANNT EIN GEFÜHL FÜR INLINESKATES ENTWICKELN.

Hin & weg: Startpunkt ist der Bahnhof Straubing, zurück dorthin geht es mit dem Zug von Bogen aus.

Dauer & Strecke: 1–1,5 Std. je nach Fitnessgrad, 10 km.

Beste Zeit: Sommer.

Ausrüstung: Inlineskates natürlich, und wer nicht einkehren will, sollte was zu trinken mitnehmen.

WAS BLÜHT DENN DA?

⪼ ... Kräuterweg in Eckertsreut ⪻

#14

In der Stadt duftet der Sommer nach glühendem Asphalt, cremigem Eis, schweißgebadeten Menschen. Und auf dem Land? Schleudern Äpfel, Zwetschgen, Brombeeren, Himbeeren und Kräuter ihr Parfum in die Luft. Also raus in die Natur und ab in diese bunte Welt voller Farben und Düfte.

#rausaufsLand #duftendeKräuter #Blumenschönheiten #Sommer!

Die im Sommer gereiften Brombeeren schmecken am besten frisch gepflückt.

Auf den Hügeln bei Eckertsreut stehen definitiv mehr Obstbäume als Häuser. Das Tal liegt da wie ein ausgebreitetes Handtuch, bereit, sämtliche Sonnenstrahlen des Sommers aufzusaugen. Der »Schmalzdobl« wird deswegen auch gern »Meran des Bayerischen Waldes« genannt – ein Grund mehr, sich zum Kräuterhof in Eckertsreut und dort auf den Rundweg zu begeben.

Die Sonne meint es wirklich gut mit diesem Fleckchen Erde. Mit ihren wärmenden Fingern ermutigt sie jedes kleine Ästchen zum Tragen von Zwetschgen und Äpfeln, und die Wildblumen erblühen nicht, sie erglühen regelrecht durch all diese Aufmerksamkeit. Schon beim kurzen Anstieg hinter dem Kräuterhof sieht man die ersten Brombeerbüsche, die einem im Laufe der Wanderung immer wieder ihre süßen Früchte kostenlos schenken (nur aufpassen mit den Dornen – so leicht sind die Beeren dann doch nicht zu haben).

Auf der Anhöhe angekommen reiht sich Baum an Baum: Apfel, Zwetschge und Birne streiten sich um den besten Blick hinab ins Tal. Auf der Wiese hingegen machen sich Doldengewächse breit: Angelika, auch bekannt als Engelwurz, sieht dem Bärenklau ziemlich ähnlich – die filigranen, weißen Blüten machen dem botanischen Anfänger eine Unterscheidung schwer. Aber Letzterer hat stets einen rauen

Stängel, der bei manchen Menschen sogar einen Ausschlag hervorrufen kann. Und beide Pflanzen besitzen Heilkräfte – aus der Wurzel der Angelika zum Beispiel wird eine Salbe hergestellt, die bei Erkältungen hilft.

Auf der Wiese wachsen noch andere Schönheiten: Horn-, Rot- und Weißklee etwa, von den Bienen heiß begehrt, oder die lilafarbenen Acker-Witwenblumen und Skabiosen-Flockenblumen. Dazwischen tummeln sich allerlei Kräuter: Thymian, Frauenmantel und Johanniskraut sind nur einige wenige von den vielen Heilpflanzen, die auf intakten, nicht überdüngten Wiesen zu finden sind.

Auch der Beinwell mit seinen riesigen Blättern begegnet einem auf dem Kräuterweg. Er hilft bei Knochenbrüchen, Blutergüssen, und als

Tee wirkt er Magenbeschwerden und Grippe entgegen. Das echte Springkraut mischt sich fleißig unter das indische, beide sehen wunderschön aus und sind von Insekten umschwärmt. Ab und zu wächst am Wegesrand auch Franzosenkraut, das früher so zubereitet wurde wie Spinat. Versteckt im Schatten der Buchen fühlt sich außerdem der Waldmeister wohl. Mit dieser aromatischen Pflanze lässt

---

Hin & weg: Mit dem Auto nach Eckertsreut.

Dauer & Strecke: Reine Gehzeit 1,5 Std., ca. 3 km.

Beste Zeit: Frühling, Sommer. Mehr zum Kräuterhof unter www.ohetal.de

Ausrüstung: Pflanzenbestimmungsbuch (oder eine App runterladen). Wer möchte, packt eine Brotzeit ein – es gibt Sitzbänke entlang des Wegs, auf denen sich gut Pausen einlegen lassen.

Fast wie im Paradies: Apfel-, Zwetschgen- und Birnbäume wechseln sich mit Blumenwiesen (links Angelika) ab, die auch der Tierwelt Nahrung bieten (rechts Kaisermantel).

sich ein hervorragendes Getränk zubereiten: die Maibowle. Dafür fünf Stängel vor der Blüte ernten, welken lassen, kopfüber für etwa 30 Minuten in Weißwein tauchen, das Ganze mit Zucker oder Holundersirup süßen, fertig.

Am Ende des Rundwegs angelangt, kann man sich im Schatten der Bäume vom Kräuterhof niederlassen. Der wird zwar nicht mehr bewirtschaftet, Getränke bekommt man trotzdem. Einfach läuten und fragen – eine Schorle tut herrlich gut nach all dem gesammelten Wissen.

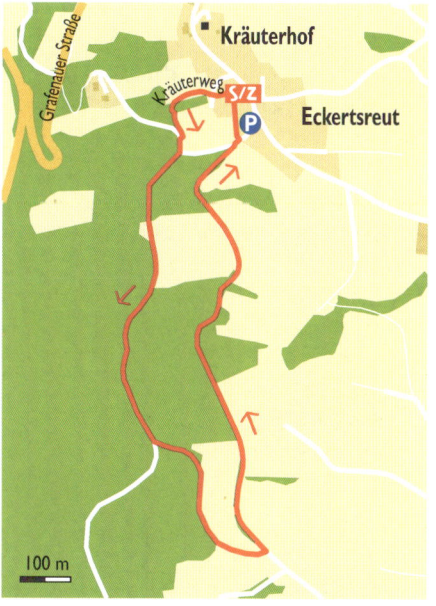

FAZIT: KURZER SPAZIERGANG, BEI DEM MAN BROMBEEREN NASCHEN UND AUßERGEWÖHNLICHE UND SCHÖNE PFLANZEN ENTDECKEN KANN.

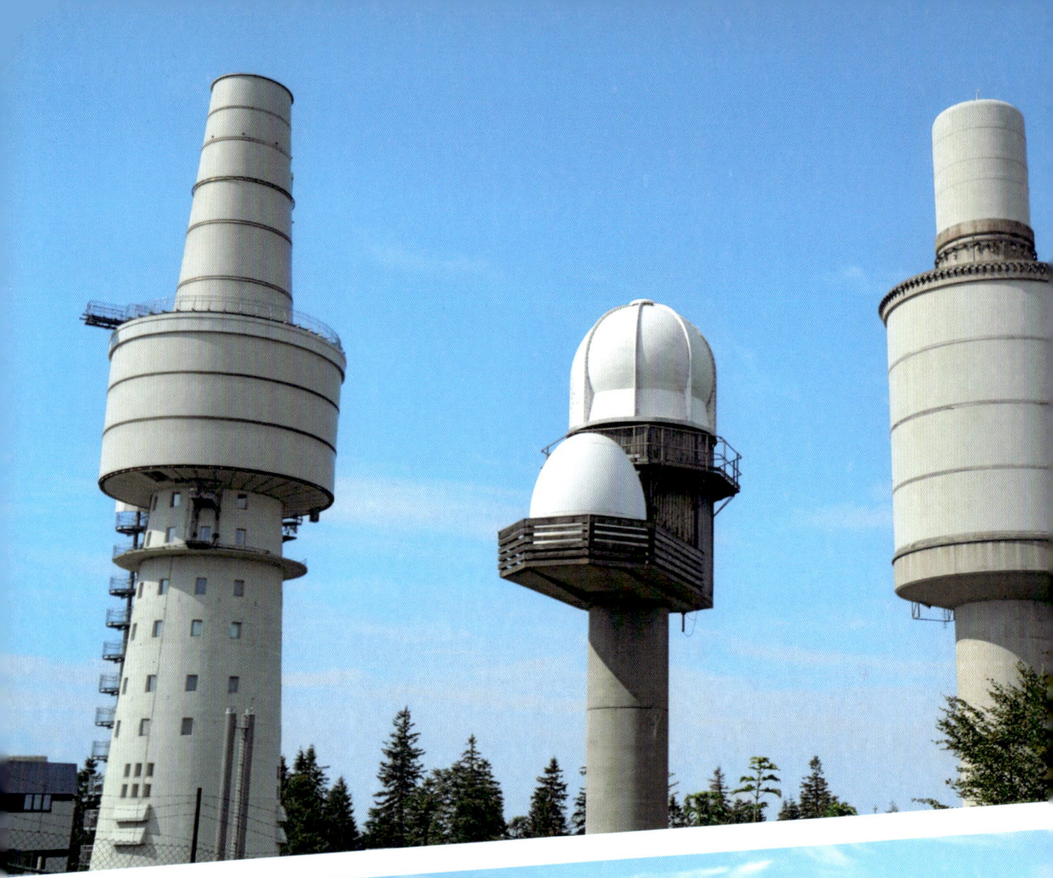

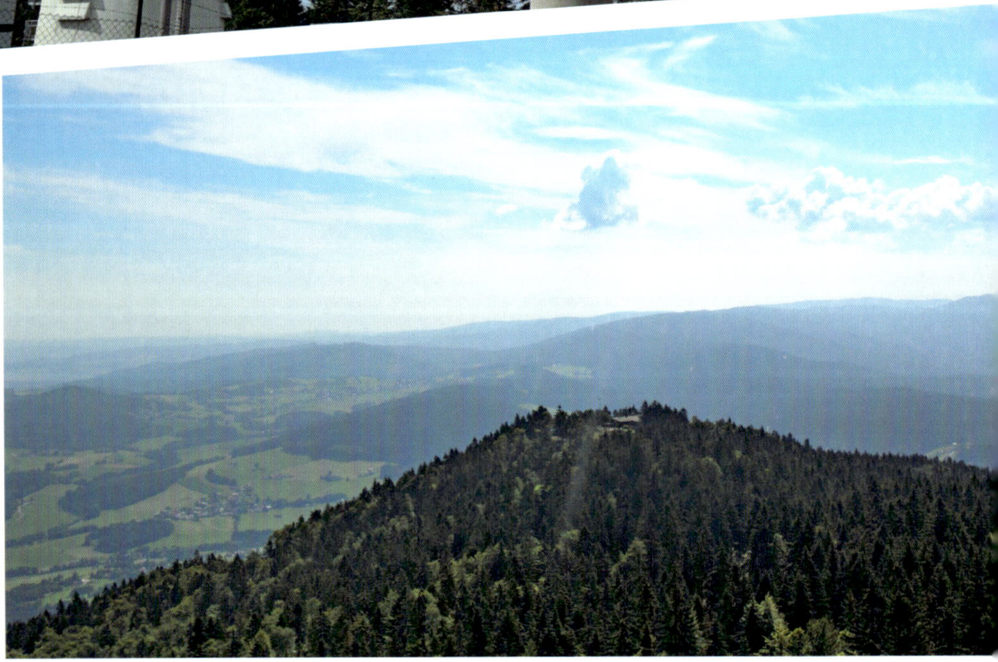

LAUSCH-ANGRIFF

... sektor.f auf dem Hohenbogen

#15

Wie Fremdkörper ragen sie aus dem Wald: hohe weiße Türme, die man schon von Weitem sieht. Nach wie vor videoüberwacht, sind sie dennoch für Besucher zugänglich. Einer der Türme lässt sich sogar erklimmen, von oben hat man einen fantastischen 360-Grad-Blick – bis rüber nach Tschechien.

Schon von Weitem sind die Türme auf dem Hohenbogen zu erkennen, von denen aus die einstige Sowjetunion bespitzelt wurde. Die Forstdiensthütte bietet bei dieser Wanderung perfekte Hunger- und Durstlöscher.

Stacheldraht. Videoüberwachung. Ein alter Ausweis-Scanner. Eine Drehtür, die sich erst bewegen lässt, wenn man seine Postleitzahl eingetippt hat. Dann klickt es und ein winziger Teil des Geländes von sektor.f – vormals Nato-Türme – wird freigegeben.

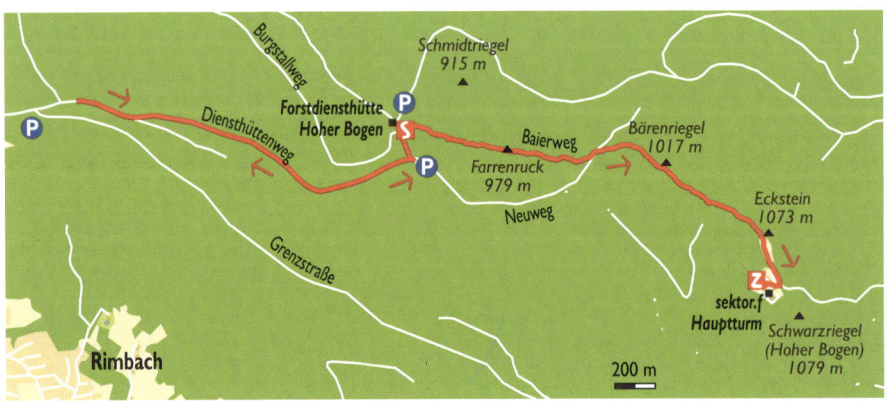

Auf dem Weg zum Gipfel scheint so mancher Baum aus der Zeit gefallen. Geradezu futuristisch wirken dagegen die Türme des sektor.f.

ten und einen Schalter, an dem das Ticket für den Aufstieg hoch zum Sonderantennenträger Luftwaffe gekauft werden kann. Bis 2003 wurden die Türme militärisch genutzt.

Drei schrille Töne pfeifen einem ins Ohr, wenn das Ticket erfolgreich gescannt wurde. Erneut geht's durch eine Drehtür, dann heißt es die Stufen der Außenwendeltreppe erklimmen! Auf der Plattform eröffnet sich ein herrlicher Ausblick.

Was die Soldaten während ihrer Dienstzeit hier wohl alles gehört haben? Wer heute angestrengt lauscht, wird nichts politisch Brisantes aufschnappen. Zum Glück – ist der Eiserne Vorhang doch Vergangenheit – sind die Soldaten abgezogen und kann der Wind nun ungehindert über die Grenze fegen.

Von der Forstdiensthütte aus, wo sich später gut einkehren lässt, geht's auf dem Ri 11 eine knappe Stunde durch den Wald, vorbei an Heidelbeeren und Ameisenhaufen, nach oben bis zum Eckstein. Hier, auf 1073 Metern, stand von 1967 bis 2012 eine Abhörstation der U.S. Army. Während dieser Jahre liefen die Abhörgeräte heiß, alle Bewegungen der damaligen Sowjetunion wurden beobachtet und aufgezeichnet.

Nur ein paar Meter weiter, am 1079 Meter hohen Schwarzriegel, erheben sich die futuristischen Türme des sektor.f. Auf dem Gelände waren früher amerikanische, französische und deutsche Soldaten stationiert. Wo einst gelauscht wurde, gibt es heute einen Biergar-

Hin & weg: Wanderparkplatz zum Schönblick.

Dauer & Strecke: 1,75 Std. reine Gehzeit, ca. 8 km.

Beste Zeit: Immer. Öffnungszeiten der Aussichtsplattform unter www.sektor-f.de

Ausrüstung: Feste Schuhe, Kleingeld für Aufstieg auf den Turm.

FAZIT: KURZE TOUR MIT LEICHTEM GRUSELFAKTOR, DER EIN BEWUSSTSEIN DAFÜR SCHAFFT, WIE VIEL BESSER ES IST, OHNE ABHÖRSTATIONEN AUSZUKOMMEN.

NACHTS AM SEE

 ... am Neuweiher bei Wiesenfelden

#16

Tagsüber faul am Seeufer liegen hat jeder schon mal gemacht. Aber was passiert eigentlich, wenn alle gegangen sind? Wenn sich die Dunkelheit die Liegefläche schnappt und nur die Sterne noch Licht spenden? An einem kleinen See lässt sich herausfinden, welche Gesichter und Geräusche die Nacht bereithält.

Wenn der Tag endlich der Nacht Platz macht, trauen sie sich raus: Sterne, Sternschnuppen und manchmal sogar der rot leuchtende Mars.

Gleich ums Eck von Wiesenfelden gibt es eine Ruheinsel. Einen 12,5 Hektar großen Weiher, um genauer zu sein, der teils für Angler, teils für Schwimmer reserviert ist. Bis die Nacht beginnt – denn dann ist hier niemand mehr zu sehen.

Am Neuweiher, der zum Weihergebiet Wiesenfelden gehört, stehen keine Straßenlaternen. Die in der Nähe vorbeiführende Straße wird nachts kaum befahren. Es gibt dann nur noch das Wasser, Sterne und Stille.

Stille? Nun, das stimmt nicht so ganz. Wenn die von Mensch und Maschinen verursachten Geräusche verstummen, gehört die Nacht den Tieren. Sobald sich die Dämmerung lang-

sam wie eine Decke über das Ufer legt, die Farben des Tages sich ineinander vermischen wie aus umgekippten Farbtöpfen und die kälter werdende Luft deutlich die nahende Nacht ankündigt, fangen sie an.

Gleich am Beginn der Liegewiese ist ein Steg, der genug Platz für einen Lauschangriff bietet. Hier kann man sich gemütlich hinlegen, dann heißt es nur noch: Augen zum Himmel heben und Ohren aufsperren. Im See traut sich jetzt nämlich einiges an die Oberfläche, was tagsüber keine Lust auf Trubel hat. Plitsch, Klatsch, Schwapp – ständig schnappt etwas aus dem Wasser nach naiven Nachtschwärmern, über den See schallt das geschäftige Schnattern der Enten, die sich

noch einiges zu erzählen haben, vielleicht unterhalten sie sich mit den Fröschen, die ihre kurzen, knalligen Botschaften herausposaunen. Und es dauert nicht lang, da trauen sich immer mehr Sterne heraus, klettern aus der Dunkelheit empor und setzen sich auf den von der Nacht gewebten, dunkelblauen Himmelsteppich. Die Nacht grinst und zwinkert einem zu und wird immer strahlender, je länger man zu ihr hochsieht.

FAZIT: SEE MAL GANZ ANDERS. SICH EINFACH FALLEN LASSEN, ZU DEN BLINKENDEN STERNEN SCHAUEN UND DEN GERÄUSCHEN DER NACHT LAUSCHEN.

Hin & weg: Mit dem Auto ist Wiesenfelden am leichtesten zu erreichen, der Parkplatz ist direkt am See.

Dauer & Strecke: So lange, wie man will – sogar Zelten ist erlaubt.

Beste Zeit: Sommer.

Ausrüstung: Mückenschutzmittel, eine Decke zum Draufliegen, Jacke und Socken – am Wasser kühlt es schnell ab.

OCHS AM BERG

⋝ ...Wanderung bei Auerbach ⋜

#17

Inmitten saftig grüner Wiesen grast eine Herde Auerochsen. Bei einer Rundwanderung kommt man an den sanften Riesen vorbei, läuft durch einen alten Wald und entdeckt ein kleines Fleckchen Dschungel, bevor man die Füße in kaltes Wasser tauchen kann.

#Auerochsen #kneippen #alterWald #allesgrün

An manchen Tagen wollen die Auerochsen ihre Ruhe und treiben sich eher im hinteren Teil der Weide herum. Dann guckt man sich eben die Pilzstädte von Nahem an.

Wiederauferstehung hin: Die Auerochsen von heute – eigentlich Heckrinder – gleichen den Auerochsen von damals fast bis auf die Haarspitze. Nur etwas kleiner ist die heutige Ausgabe der ursprünglich aus Indien stammenden Ochsen.

Wer sich genug von der Sanftheit der Riesen hat einlullen lassen, folgt nun dem Gunthersteig zuerst an der Ohe entlang und dann in den Wald hinein. Der Heilige und Einsiedler legte einst den 82 Kilometer langen Verbindungsweg von Niederalteich bis zum Grenzübergang Gsenget an, um die Beziehungen nach Böhmen zu verbessern. Den Fußstapfen des Mönchs folgt man nicht allzu lang. Liegt der Wald hinter einem, löst der Wanderweg Nr. 9 Richtung Schachtenwald den geistigen Führer ab.

Es geht hinein in den Mischwald, der Stille auszuatmen scheint. Der Weg teilt sich einmal in drei Pfade auf – davon nimmt man den mittleren, der runter zu einem winzigen Bach führt. Je stiller es wird, desto verwunschener wird auch der Wald: Alte Bäume, Farne und Moose bedecken den Boden und Pilze machen sich über Stämme her. Fast ist es, als hätte sich ein Teil vom Dschungel an den Rand des Bayerischen Walds verirrt. Wer nach links in den alten Schachtenwald hineinlugt, wird nichts außer lauter Grüntöne entdecken, sogar die Luft scheint in diesem Ton gefärbt.

Viel zu schnell verschwindet der Dschungel und erneut plätschert die Ohe ihr unbe-

Auerbach braucht Auerochsen. Das war den Bewohnern völlig klar – schließlich trägt ihr Dorf ja nicht umsonst diesen bedeutsamen Namen. Also wurden 2005 ein paar Auerochsen vom Starnberger See organisiert, die nun der Gemeinde gehören und auf den Wiesen grasen dürfen.

Aus ein paar Auerochsen sind mittlerweile 16 geworden. Wer von der Dorfmitte aus den Weg an der Hengersberger Ohe entlanggeht, kommt direkt an ihrem grün gedeckten Tisch vorbei. Dort zupfen sie Grashalm für Grashalm und nehmen es lässig hin, von Fremden bestaunt zu werden. Eigentlich dürfte es diese Tiere gar nicht mehr geben – der letzte Auerochse starb 1627. Doch die Gebrüder Heck begannen mit der Rückzüchtung, kreuzten Rinderrassen und bekamen so eine Beinahe-

In diesem sattgrünen Wald würde sich auch die Schlange Kaa aus dem »Dschungelbuch« wohlfühlen. Und im Sumpf so manches Krokodil ...

schwertes Lied. Diesmal führt der Weg auf der linken Seite des Flusses entlang, ein Naturlehrpfad übernimmt das Regiment. Bis zur Kneippanlage am Rande Auerbachs wird er das Zepter auch nicht mehr aus der Hand geben. Dort angekommen lassen sich die Füße ins Wasser tauchen, bevor die letzten Hundert Meter zum Dorf zurückgelegt werden.

FAZIT: DIE WANDERUNG IST SEHR ABWECHSLUNGSREICH: AUEROCHSEN, EIN DSCHUNGEL GLEICH HINTERM DORF UND EIN SPRUDELNDER BACH.

Hin & weg: Mit dem Auto gelangt man am besten über die A3, Ausfahrt Deggendorf, nach Auerbach.

Dauer & Strecke: 2 Std., 7 km.

Beste Zeit: Sommer.

Ausrüstung Feste Schuhe, etwas zu trinken und eine Kleinigkeit zu essen.

DURCH WALD UND WIESEN

≳ ... Wanderung rund um Wiesenfelden ≲

#18

Wer den Wald vor lauter Häusern nicht mehr sieht, sollte dringend einen Spaziergang machen. Um Wiesenfelden herum gibt es Scharen von Baumriesen, die auf sanften Hügeln stehen und über Wiesenwege verbunden sind. Perfekt, um dem Wald seine Aufwartung zu machen.

Neugierig gucken die Schafe Wanderern hinterher, die an ihrer Weide vorbeikommen. Der Wald wird immer wieder von blühenden Wiesen und Pferdekoppeln abgelöst.

an ein- und demselben Baumstamm unendlich viele verschiedene Grüntöne erstrahlen. Flechten und Moose schaffen diese Mini-Farbpalette. Oder ein Felsen sticht hervor, der stark an einen Riesenkopf mit extrem langen Efeuhaaren erinnert – Rapunzel würde erblassen vor Neid. Und überall bietet der Herbst seine Früchte an: Brombeeren lassen sich von allen Beeren am längsten Zeit, von August bis Anfang Oktober fallen die dunkellilafarbenen Schönheiten wie von selbst in die Hand.

Es geht vorbei an Schafherden und Pferdekoppeln, immer wieder jedoch ist da der Wald. Unter dem grünen Dach streicht öfter mal ein leicht herber, aber auch wohlig süßer Geruch um die Nase: Harz glänzt an den rissigen Fichtenstämmen und beschert allzu neugierigen Fingern ein paar klebrige Momente.

Dann und wann tauchen Weiher am Rand des Wegs auf. Manche von ihnen sind halb versumpft, was nur dann passieren kann, wenn die Menschen sie vergessen haben. Das verhält sich anders mit dem Naturschutzgebiet Weiherlandschaft bei Wiesenfelden kurz vor der Ortschaft. Gepflegt ist hier der Weg, die Apfelbäume ächzen unter der Last ihrer Früchte. Eine überdachte Holzbrücke spannt sich über den Beckenweiher. Auf der Mitte der Brücke stehend hat man noch mal die Gelegenheit, auf den Wald zurückzublicken und ein wenig von seiner Kraft und Ruhe mit nach Hause zu nehmen.

Schnell ist die kleine Gemeinde Wiesenfelden verschwunden. Der Wanderweg Nr. 5 leitet den Waldsucher weg vom Startpunkt mitten hinein ins grüne Nirgendwo. Manchmal tauchen ein paar Häuser auf: Roßmühle, Höhenberg, Bogenroith. Doch als wären sie scheu, sind die kleinen Ortschaften schnell wieder hinter der nächsten Biegung verschwunden.

Ein ruhiger Rundwanderweg ist das, führt unter Fichten und Tannen hindurch, die sich mit Buchen und Eichen zusammentun und über alles Mögliche zu tratschen scheinen. So dicht gewachsen ist hier der Wald, dass grauer Beton und Straßenlärm aus dem Gedächtnis verdrängt werden. Nach nur wenigen Kilometern Schotter-, Wiesen- und Waldweg wächst die Aufmerksamkeit wieder für unscheinbare Dinge. Da fällt einem plötzlich auf, dass

Die Weiherlandschaft ist gut gepflegt, was sich leicht an der Pflanzenvielfalt erkennen lässt. Über den größten Weiher führt ein Naturbeobachtungssteg. Links die Kirche St. Rupert, zu der ein Kreuzweg hinaufführt.

FAZIT: VON DEN BÄUMEN KRAFT TANKEN, IHRE GRÜNTÖNE BEWUNDERN, DIE FRÜCHTE DES WALDES KOSTEN. WAS GIBT ES SCHÖNERES?

Hin & weg: Wiesenfelden ist ab Regensburg mit dem Bus zu erreichen, ansonsten gibt es auch genügend Parkplätze für Autos.

Dauer & Strecke: 3–3,5 Std., 11 km.

Beste Zeit: Sommer, Herbst.

Ausrüstung: Feste Schuhe, Trinken und Essen. Wer genügend Zeit und Muße mitbringt, kann entlang des Wanderwegs z. B. im Waldgasthof Schiederhof (schiederhof.de) und in Wiesenfelden selbst einkehren.

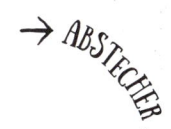

1 UND 1 UND 1 MACHT 5

... die Rieslochfälle bei Bodenmais

#19

Zusammen ist man weniger allein – das denken sich vielleicht der Schwellbach, Kleinhüttenbach und Wildauerbach. Am Fuße des Großen Arber treffen diese munteren Bäche aufeinander und stürzen gemeinsam als Riesbach weiter die Schlucht hinab. Auf ihrer wilden Talfahrt nach Bodenmais schaffen sie die höchsten Wasserfälle des Bayerischen Walds.

In fünf Kaskaden stürzt der Riesbach in die Tiefe. Der Weg nach oben ist teils sehr steinig, aber machbar.

Müsste man dieser Wanderung ein Geräusch zuteilen, es wäre das Rauschen. Der Riesbach begleitet einen fast die ganze Strecke über. Man folgt ihm bachaufwärts bis zu den Wasserfällen, wo das Geräusch noch einnehmender wird und der Mensch noch stiller. An Regentagen und nach der Schneeschmelze ist es in diesem Naturschutzgebiet so laut, dass kein Wanderer dagegen ankommt.

Für die Bahnfahrer beginnt der Wanderweg Nr. 2 bereits am Bahnhof in Bodenmais, während Autoreisende direkt am Wanderparkplatz Rieslochfälle einsteigen können. Der Weg bringt einen direkt zu den Wasserfällen. An fünf Kaskaden kommt man vorbei, das Ergebnis des Aufeinandertreffens des Schwell-, Kleinhütten- und Wildauerbachs. Der unterste Fall ist dabei mit 15 Metern der höchste.

1,6 Kilometer lang ist die V-förmige Schlucht, durch die sich der Riesbach windet – so lautet der Name des Bachs, der nach der Vereinigung der drei Bergbäche entsteht.

An umgefallenen Buchen lässt sich besonders oft ein tellergroßer, runder Pilz entdecken: Der Zunder liebt die Rinde der ehemaligen Riesen, für ihn ist es überlebensnotwendig, dass tote Baumstämme nicht »aufgeräumt« werden. Das Riesloch ist seit 1939 Naturschutzgebiet, in dem Reservat bleibt der Wald sich selbst überlassen. Es wird so wenig wie möglich eingegriffen, um so das Entstehen eines »Urwalds« zu fördern. Auf dem Weg zu bleiben sollte am Großen Arber also selbstverständlich sein, zumal hier so seltene Arten wie der Weißrücken- und Dreizehenspecht eine Heimat gefunden haben.

Nebenbäche speisen den Riesbach mit Wasser – auch den Nadeln steht es gut!

Über dem Wasser rauscht noch etwas anderes: Am Aussichtspunkt Schweiklruh, der ein paar Höhenmeter über den Kaskaden liegt, streicht der Wind durch die Baumwipfel. Ein Wanderweg bei den Wasserfällen zeigt an, wo man langzulaufen hat, um zu der Bank hoch über Bodenmais zu gelangen, wo es sich gemütlich sitzend die Zeit vergessen lässt.

Hin & weg: Bahnhof Bodenmais oder Wanderparkplatz Rieslochfälle (der hintere ist kostenlos).

Dauer & Strecke: 3 Std., ca. 8 km.

Beste Zeit: Immer. Die Wasserfälle sind nach einem Regenschauer noch beeindruckender, aber Vorsicht, der Weg ist dann rutschig.

Ausrüstung: Feste Schuhe, Trinken und Essen für Pause an den Wasserfällen.

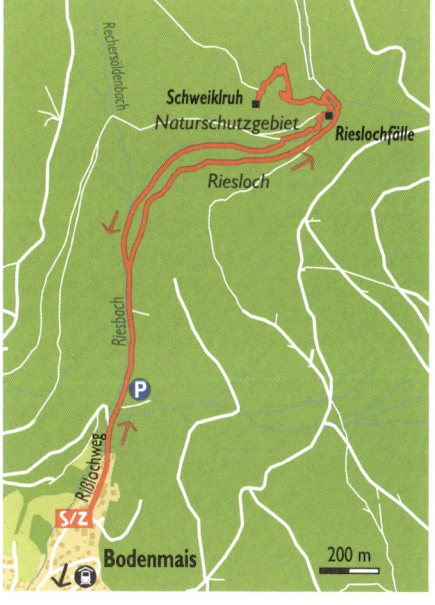

FAZIT: EIN AUSFLUGSZIEL FÜR AUGEN UND OHREN – HIER KANN MAN SICH DEN KOPF DURCHPUSTEN LASSEN.

FREIE FAHRT FÜR FISCHE

 … an der Mitternacher Ohe

#20

Leise vor sich hin murmelnd mäandert die Mitternacher Ohe durch Wiesen und Wälder. An dem wildromantischen Bach mit seinen selten gewordenen Bewohnern kann man entlangspazieren – ein kurzer Weg, der auch für kalte, ungemütliche Tage taugt.

In diesem Tal kann die Mitternacher Ohe wieder frei fließen – zu verdanken hat sie es dem Landesfischereiverband, der alle Wasserkraftwerke beseitigte.

Wer sich auf den GEHfühlsweg (Markierung: Gelber Pfeil) südöstlich von Mitternach begibt,

läuft die meiste Zeit an der linken Uferseite der Mitternacher Ohe entlang. Es geht durch ein kleines Stück Wald hindurch, an Kunststationen vorbei, dann weiter über Wiesen und kleine Hügel, bis wieder der Fluss neben einem durch die Landschaft rauscht.

Die Mitternacher Ohe ist ein kurzer Fluss. Sie kommt auf knapp 24 Kilometer, bevor sie bei Unterhüttensölden in die Große Ohe fließt, die wiederum ein Quellfluss der Ilz ist (Eskapade 4). Bevor Wasserkraftwerke und Staustufen gebaut wurden, konnten Fische ungehindert von der Donau über die Ilz zu ihren Laichplätzen in der Mitternacher Ohe aufsteigen. Doch die Hindernisse versperrten ihnen den Weg und mehr und mehr Huchen, Bachforellen und Eschen verschwanden.

Der Landesfischereiverband Bayern jedoch startete ein deutschlandweit einzigartiges Projekt: die Renaturierung der Mitternacher Ohe. Nach und nach kauften die Fischer die Wasserkraftwerke auf und ließen sie abreißen. Die Energieerzeugung war schon lange nicht mehr rentabel, durch die Verbauung des Flusses nahm zudem die Hochwassergefahr zu. Und schließlich ging die Einpferchung des Gewässers eben auch auf Kosten seiner schuppigen Bewohner.

Seit 2016 ist die Mitternacher Ohe wieder komplett bewanderbar und so heißt es heu-

Der GEHfühlsweg an der linken Uferseite der Mitternacher Ohe ist auch etwas für faule Tage – er mäandert gemütlich und fast ohne Steigung durch Wald und Flur.

te: freie Fahrt für die Fische. Davon profitiert auch die vom Aussterben bedrohte und streng geschützte Flussperlmuschel, die die Bachforelle braucht, um zu überleben. Ihre Larven leben ein paar Wochen in den Kiemen

der jungen Fische, bevor sie abfallen und sich im Flusssand weiterentwickeln.

Wer genau hinsieht, entdeckt vielleicht solch ein seltenes Exemplar in der Mitternacher Ohe. Neben den zurückgekehrten Fischen ist die Flussperlmuschel ein weiteres Zeichen dafür, dass die Renaturierung der Mitternacher Ohe gelungen ist.

Hin & weg: Mit dem Auto zum Parkplatz neben der B 85 (kurz vor Mitternach in eine schmale, parallel zur B 85 verlaufende Straße abbiegen, die zu dem nicht ausgeschilderten Parkplatz führt. Meistens parken hier ein paar Autos von Hundebesitzern, die an der Ohe Gassi gehen.

Dauer & Strecke: Hin und zurück 9 km, 2,5–3 Std., je nach Lust und Laune kann man schon früher wieder umkehren.

Beste Zeit: Immer.

Ausrüstung: Trinken und Essen, festes Schuhwerk.

FAZIT: EINE GEHÖRIGE PORTION FRISCHLUFT, EIN LEICHTER WEG – DER SPAZIERGANG AN DER MITTERNACHER OHE EIGNET SICH AUCH FÜR KALTE HERBST- UND WINTERTAGE.

NOCH MAL SONNE TANKEN

 ... auf dem Hennenkobel

#21

Die Tage werden kürzer, die Luft schneidender, die Wolken schwerer: Der Winter steht vor der Tür und schickt sich an, die Welt mit Schnee zu bedecken. Bevor jedoch alles komplett zugeschneit ist, sollte man einen Sonnentag nutzen und auf den Hennenkobel steigen.

Mütze, dicke Jacke, Wollsocken – so ausstaffiert lassen sich auch Winterwanderungen machen. Der Aufstieg vertreibt dann auch den letzten Rest Kälte.

Wenn der Winter naht und mit spitzen Ellbogen den Herbst wegschubst, ist es bald aus mit langen, ausgiebigen Wanderungen und stundenlangem verträumtem Herumsitzen

auf Ruheplätzen. Vereinzelt fällt schon der erste Schnee, bleibt hier und da sogar liegen, und plötzlich sind die geheizten vier Wände so viel verlockender als die Natur draußen.

Aber frische Luft hilft, das Gehirn vorm Winterschlaf zu bewahren und so sollten wenigstens die sonnigen Wintertage zu kleinen Ausflügen genutzt werden. Ein gutes Ziel ist da der Hennenkobel, der 965 Meter misst und zu dessen Füßen Rabenstein liegt, ein Ortsteil von Zwiesel. Von der kleinen Häuseransammlung ist es nicht weit zum Gipfel. Vom Parkplatz Hennenkobel aus folgt man der Nr. 28 und schließlich der Nr. 4, die einen ganz nach oben geleiten.

Es ist ein mittelschwerer Aufstieg, der jedoch auch bei Schnee zu bewältigen ist. Nur die

Auf dem Hennenkobel kann man die Aussicht genießen und sich ins Gipfelbuch eintragen, bevor man erneut in den Wald eintaucht und die Winterstimmung genießt.

letzten Stufen hoch zum Kreuz können glatt und rutschig sein, aber ein Geländer hilft, die wenigen Meter sicher zurückzulegen. Oben angekommen liegt einem der Bayerische Wald zu Füßen, bei der richtigen Wetterlage blinzeln vom Horizont die Alpen rüber.

Wer genug Wintersonne am Gipfel getankt hat, läuft nun den Kreuzweg hinunter. Glaskünstler haben sich hier mit Sandstrahlgravur auf Spezialglas ausgetobt und in 14 Stationen wird Jesus' Leidensweg nachgezeichnet. Bald verschmilzt der Wanderpfad mit breiteren Forstwegen. Wer ein Stück der Nr. 1 folgt, gelangt wieder Richtung Rabenstein. Man darf kurz darauf die Abzweigung nach rechts nicht verpassen, die erneut auf den Wanderweg Nr. 28 führt. Dieser – oftmals mit mehr Schnee bedeckte, da im Schatten gelegene – Pfad en-

det direkt am Parkplatz Hennenkobel, wo das Auto wartet, das einen ins warme, gemütliche Zuhause zurückbringt.

> **FAZIT: PERFEKT FÜR SONNENANBETER – KURZER AUFSTIEG ZU EINEM GIPFEL, DER DIREKT GEN SÜDEN ZEIGT.**

Hin & weg: Wanderparkplatz Hennenkobel in Rabenstein; Wegmarkierung 28 und 4 bis Gipfel, Rückweg zunächst 28, dann 1, dann wieder 28.

Dauer & Strecke: 2,5 Std. mit kurzer Pause, 6 km.

Beste Zeit: Immer. Im Winter nur vorsichtig sein, da das letzte Stück zum Gipfel glatt sein kann.

Ausrüstung: Trinken und Essen, gute Schuhe.

2. KAPITEL
AUSFLÜGE

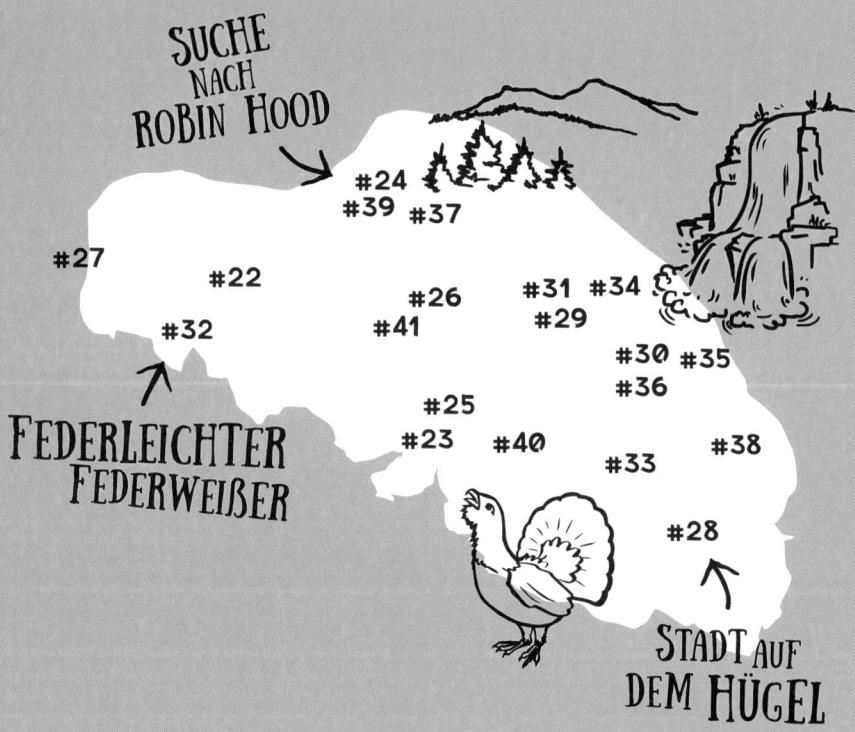

SUCHE
NACH
ROBIN HOOD

#24
#39 #37

#27

#22

#26

#31 #34

#32

#41

#29

#30 #35

#36

#25

#23 #40

#33

#38

FEDERLEICHTER
FEDERWEIßER

#28

STADT AUF
DEM HÜGEL

Raus für einen Tag

*Wölfe beobachten, nach Tschechien radeln,
sich von Berggasthof zu Berggasthof
schlemmen oder der alten Linde lauschen –
das nächste Abenteuer wartet schon.*

12 H

EINMAL HÖLLE UND ZURÜCK

>¦ ... Wanderung über Brennberg ins Höllbachtal ¦<

#22

Wo die Hölle liegt? Gleich bei dem kleinen Ort Postfelden. Keine fünf Minuten von den Häusern entfernt beginnt das Abenteuer Höllbachtal: Dort verwittern Steine zu »Wollsäcken« und der Bach rauscht munter vor sich hin. Mit einem Abstecher zur Burgruine Brennberg wird der Höllentrip zu einem Tagesausflug.

#Wollsäcke #Burgruine #Lindenblockschuttwald #Steinriesen

Uralt sind die riesigen Steinbrocken im Höllbachtal. Eine Brücke führt hinüber ans andere Ufer.

Das kleine Postfelden schmiegt sich an sanfte, grüne Hügel. Ein paar Pferde grasen auf saftigen Wiesen und ein schmales Bächlein plätschert selbstvergessen durch den Ort. Es ist idyllisch ruhig hier. Nichts deutet darauf hin, dass sich auf dem Wanderparkplatz an den Wochenenden gut und gern 80 Autos aneinanderdrängen – alle wollen in die Hölle, die nur einige Hundert Meter entfernt ist.

Doch so beliebt dieses wirklich traumhafte Ziel an Samstagen und Sonntagen für Familien und Hundebesitzer sein mag, unter der Woche haben Wanderer noch ihre Ruhe. Ein Rundweg führt mitten durch das Naturschutzgebiet. Nur etwa zwei Minuten vom Parkplatz entfernt könnte man der Beschilderung nach rechts folgen. Doch wer etwas mehr von der Gegend sehen möchte, bleibt auf der Teerstraße, bis er erneut auf das Rundwegschild trifft, das nach links den Hügel hinabzeigt.

Es geht in ein Waldstück hinein, wo bereits der Höllbach zu sehen ist. Der Goldsteig bringt einen nun bachabwärts an einem Stau-

Unermüdlich schleift der Höllbach die Steine (oben).
Die Burgruine Brennberg ist ein zusätzliches
Abenteuer (unten).

see vorbei nach Fahrnmühle. Die Kühle des Waldes tut an Sommertagen gut und hält an Regentagen das meiste Nass ab. Nach der Mühle geht's rechts ein Stück die Straße hoch, bevor man erneut rechts abbiegt und den Thalhof passiert. Der Feldweg bringt einen nach Brennberg, wo die Burgruine über den geduckten Häuschen thront. Einst wohnte dort ein Minnesänger, heute gehören die von den Jahrhunderten gezeichneten Mauern der Gemeinde.

Vom hölzernen Wartturm aus zeigt sich auf der einen Seite die Donauebene, auf der anderen ruhen die Hügel des Falkensteiner Vorwalds. Dort versteckt sich das Höllbachtal und dorthin geht es nun zurück. Dafür läuft man ein Stück die Berndorfer Straße entlang und dann Richtung Wernetsgrub, ein Hof, bei dem man erneut auf eine geteerte Straße trifft. Diese führt zur Dosmühle, wo der Höllbach und das Höllbachtal Wanderer begrüßen.

Das Tal steckt voller Überraschungen: Auf Steinen und Felsen wuchern uralte Moose und Flechten, die unbedingt geschützt werden müssen, weshalb nicht an ihnen gezupft werden darf. Der Rundweg führt über Brücken und an Linden vorbei, die direkt auf den Steinen wachsen, mit ihren Wurzeln die Brocken umschließen und sich in die Höhe schrauben – dieser Lindenblockschuttwald ist eine kostbare Seltenheit. Schon seit 1950 steht das gesamte Höllbachtal unter Naturschutz. Je weiter man in das Tal vordringt, desto wilder wird es: Ein Blockmeer aus Gneis- und Granitblöcken breitet sich aus. 320 Millionen Jahre schon feilen Wind und Wasser an ihrer Form, die Wollsackverwitterung genannt wird. Auf

kahlen Steinriesen lässt es sich gut sitzen und ausruhen. So gemütlich, so geheimnisvoll, so friedlich ist es hier – in der Hölle lässt es sich eigentlich ganz gut aushalten.

FAZIT: MIT DEM ABSTECHER ZUR BURGRUINE BRENNBERG UND EINEM PICKNICK IM HÖLLBACHTAL IST MAN GUT UND GERN DEN GANZEN TAG IN DER NATUR.

Hin & weg: Wanderparkplatz Postfelden.

Dauer & Strecke: Rundweg 1 Std., 8 km. Mit Brennberg sind es 11,5 km.

Beste Zeit: Mai–Oktober.

Ausrüstung: Feste Schuhe, Proviant für eine Pause auf dem Blockmeer, Einkehrmöglichkeiten in Brennberg vorhanden.

WILDER FLUSS

... Wanderung zur Isarmündung

Eine Überflutungsaue wie diese gibt es kein zweites Mal in Mitteleuropa. Bevor die Isar in die Donau mündet, schlägt der sonst eingepferchte Fluss noch mal richtig über die Stränge. Und lässt den kleinen Wanderer staunen.

#Auenlandschaft #wegvonderZivisilation #Vogelbeobachtung

Schafft er's oder schafft er's nicht?
Die Prachtlibelle scheint den Kopf
über den Ehrgeiz des Kajakfahrers
zu schütteln.

Ankunft am Bahnhof Plattling. Schnell zur Isarbrücke, es ist laut hier, die Stadt ein Verkehrsknotenpunkt. Weshalb wohl auch ein sechsspuriger Ausbau der A3 durch das Gebiet der Isarmündung geplant ist ... Nach der Brücke geht es gleich links ab, meist sind hier Surfer und Kajakfahrer – sie üben an der anfängertauglichen Isar-Sohlschwelle. Schon bald ist man im Naturschutzgebiet, das an der Grenze zur Region Bayerischer Wald liegt und so einzigartig ist, dass sich ein Ausflug hierher unbedingt lohnt.

Ein metallisches Sirren erfüllt die Luft. Ein Schritt und man ist umzingelt. Von saphirblauen, grasgrünen, getigerten und braunen

Überall ist Leben: Am Rande des von Bibern gestauten Bachs hat es sich ein Springfrosch bequem gemacht.

Schritt unwichtiger. Bald läuft es sich freier, genussvoller, die Luft ist wieder zum Atmen da. Und sie ist erfüllt vom Surren der Libellen, vom Brummen der Käfer, von dem Ruf eines Kuckucks.

Nach einer Stunde vorbei an Linden und Weiden, Totholz, Minze, Mädesüß und Pfaffenhütchen gelangt man zum Aussichtsturm. Ausruhen. Und Vögel beobachten. Das Wasser und der Himmel gehören den Schwänen und Reihern, Kormoranen, Silber- und Purpurreihern und noch so manch anderer seltener Art wie dem Fischadler.

Die roten Schilder mit Baum markieren einen Rundweg, der durch einen Teil des Naturschutzgebiets führt. Es geht weiter auf dem Damm dahin, ein Stück durch den Wald und kurz auf einer Teerstraße entlang. Dann öffnet sich eine Wiese. Eine Wiese, die vor lauter Blumen kaum sichtbar ist. Solche Feuchtwiesen gehören zur Auenlandschaft, sie sind extrem selten in Europa und stehen unter Schutz.

Durch das Infozentrum Isarmündung streunt man wohl länger als beabsichtigt. Es gibt Ausstellungen zur Wasserkraft, zu den Bienen, ein Geologie-Eck und einen riesigen Garten. An dessen westlichem Ende wartet erneut das Baum-Schild. Nach etwa 800 Metern schließt sich dieser Rundweg und es geht zurück nach Plattling – in die Zivilisation.

länglichen Insekten, die mit ihren Facettenaugen die Zweibeiner genau beobachten. Sie wissen nicht, was sie von den Eindringlingen halten sollen. Sie sind misstrauisch, diese Libellen. Wie auch so viele andere Tiere an der Isarmündung, die kaum je Menschen zu Gesicht bekommen.

Auf dem neu erbauten Damm buhlen Blumen und Gräser um Aufmerksamkeit. Von der erhöhten Position aus lässt sich gut in die Wälder und Seitengerinne spähen, wo sich Fische, Frösche und Enten verstecken. Immer tiefer gerät man ins Naturschutzgebiet, wo Überflutungen erlaubt, ja, erwünscht sind. Durch sie ist Biodiversität erst möglich.

War zuvor die Schnellstraße noch laut und abgasbelastet, so wird die Zivilisation mit jedem

FAZIT: WANDERUNG DURCH WUNDERSCHÖNE WILDE NATUR AN DER GRENZE ZUM BAYERISCHEN WALD.

Über der gemächlich fließenden Isar gleitet ein Reiher durch die Lüfte (links). Seitengerinne sind wichtige Lebensräume für Flora und Fauna (rechts).

Hin & weg: Bahnhof Plattling.

Dauer & Strecke: 5,5 Std. reine Gehzeit, 24 km.

Beste Zeit: April–September (für Vogelbeobachtung). Mehr zum Infozentrum unter www.infohaus-isarmuendung.de

Ausrüstung: Fernglas, Trinken und Essen, Getränke zu kaufen gibt's auch am Infozentrum. Man kann auch mit dem Rad bis zum Infozentrum radeln, es dort abstellen und dann den Rundweg laufen, der für Fahrräder gesperrt ist.

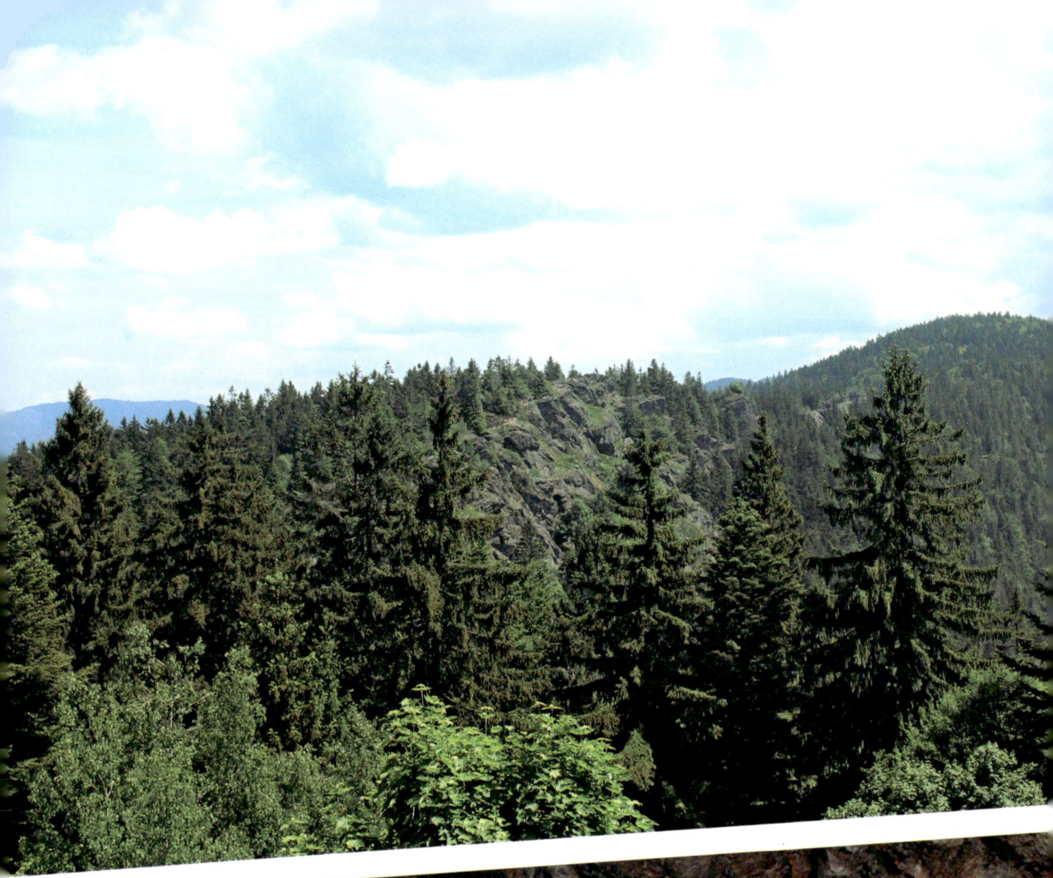

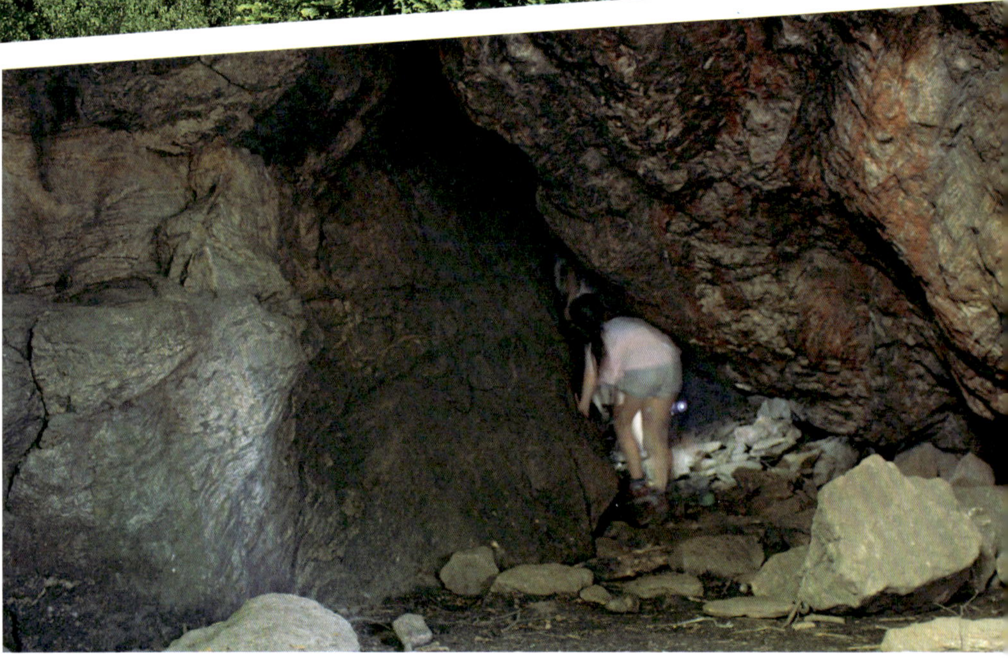

WIE ROBIN HOOD

\>\- ... am Kaitersberg bei Bad Kötzting -\<

#24

In einer Höhle hat er gehaust: Räuber Heigl, der die Reichen bestahl und mit den Armen teilte. Der Kaitersberg bot dem bayerischen Robin Hood zuverlässigen Schutz. Seine Zuflucht lässt sich auf einer Wanderung erkunden – am besten mit Taschenlampe.

#Räuberhöhle #weiterBlick #Gänsehaut

Ganz schön steil ist das letzte Stück durch den düsteren Nadelwald, bevor der Gipfel einen erlöst.

Gut versteckt ist der Eingang zur Höhle. Wenn das Hinweisschild nicht wäre, würde so manch Suchender bestimmt vorbeilaufen. Nachdem Michael Heigl 1843 dem Straubinger Gericht entkommen war, rettete er sich in den Bayerischen Wald – und fand Zuflucht in der Höhle am Kaitersberg. Zusammen mit seiner Gefährtin, der Roude Res (Rote Therese), machte er die Gegend unsicher. Bis ein ehemaliger Freund ihn verriet und er am 18. Juni 1853 geschnappt wurde. Ein paar Jahre darauf starb er.

Wer zum ehemaligen Räuberversteck will, fängt mit der Spurensuche am besten in Bad Kötzting an. Gleich von der Waldbahnstation Zellertal aus gelangt man zur Reitensteiner Straße, die durch den Ort Reitenstein verläuft.

Sobald der Wald beginnt, weist die rot-weiße BK-3-Markierung nach Reitenberg.

Vom Wanderparkplatz Reitenberg aus führen alle Wege zur Räuber-Heigl-Höhle. Die einen so, die anderen eben andersrum. Am besten bleibt man auf dem BK 3, als Pausenziel den 999 Meter hohen Kreuzberg anpeilend. Von dort aus kann man weit ins Zellertal hineinschauen – und den Atem sich beruhigen lassen, der sich beim Aufstieg in lautes Keuchen verwandelt hat.

Nach dem Gipfel taucht es auch schon auf: das Schild »RH«, das den Weg zum Räuberversteck verrät. Wer will, läuft jedoch erst noch zur Kötztinger Hütte (www.koetztinger-huette.de). Von dort aus hat man nicht nur einen fantastischen Ausblick, man bekommt auch Essen und Getränke zu fairen Preisen.

Zurück zur Höhle: Gänsehautmäßig schieben sich die rot verfärbten Felswände in das ehemalige Räuberversteck hinein. Es ist kühl, der Boden hart. Sie ist nicht groß, die Höhle, Heigl muss ein sehr genügsamer Mensch gewesen sein. Durch einen kleinen Spalt hindurch gelangt man in eine zweite Höhle – noch enger und kleiner als die eingangs. Unvorstellbar, dass das Räuberpaar hier zehn Jahre lang gehaust hat. Aber frei sind sie gewesen. Und das war vermutlich alles, was für sie gezählt

Hin & weg: Bahnhof Zellertal bei Bad Kötzting, Wanderparkplatz Reitenberg; Markierung BK 3 / RH.

Dauer & Strecke: 5,5 Std. reine Gehzeit, aber mit Gipfelpause und Räuber-Heigl-Höhle ganztägiger Ausflug, 18 km.

Beste Zeit: Frühling–Herbst.

Ausrüstung: Feste Schuhe, Proviant, Taschenlampe

Rucksäcke vom Rücken, auf den Felsen Platz nehmen und die Aussicht vom Kreuzberg genießen. Und nicht auf die Blindschleiche treten!

hat. Und betrachtet man den Kaitersberg mit seinem düster-schönen Wald, seinen wilden Felsen, dann lässt sich mit Gewissheit sagen: Es müssen gute zehn Jahre gewesen sein, die die beiden hier verbracht haben.

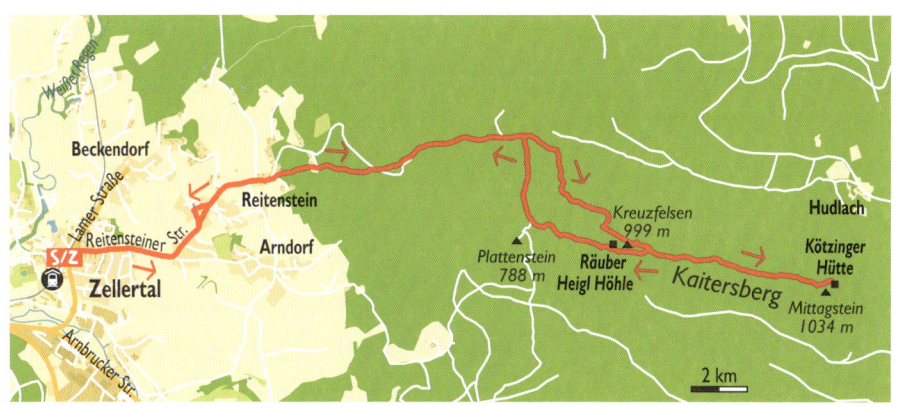

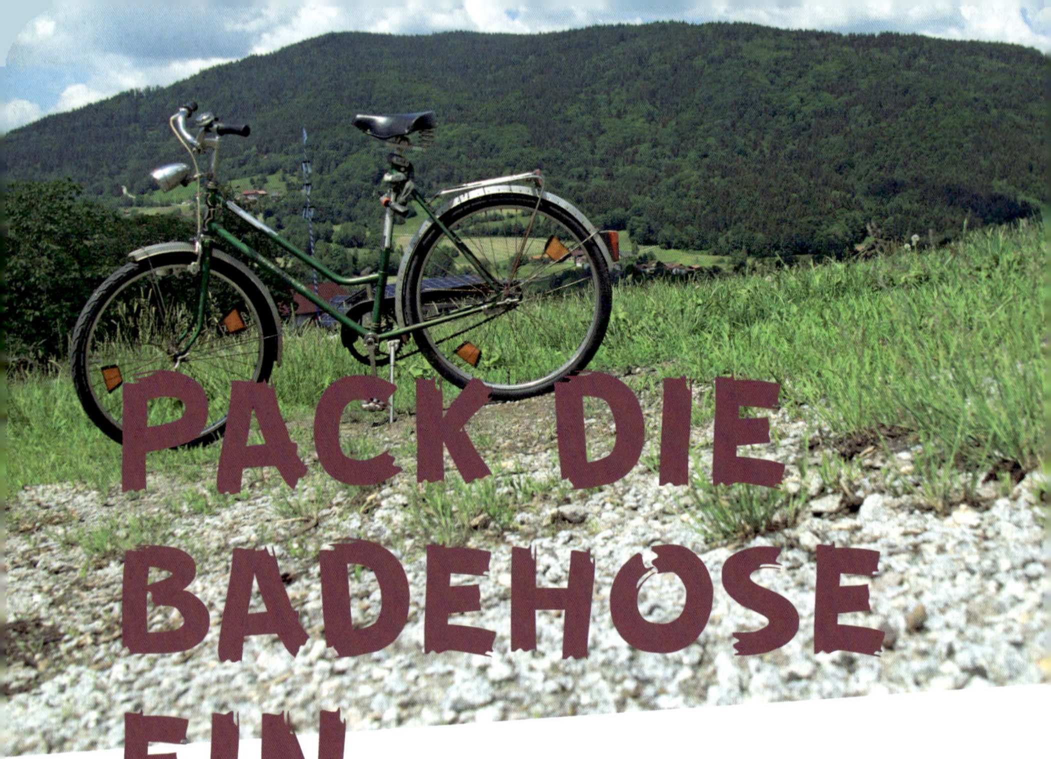

PACK DIE BADEHOSE EIN

... unterwegs auf dem Waldbahnradweg

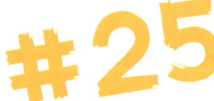

#25

Bergauf, bergab – diese Fahrradstrecke ist nicht ohne. Nicht ohne Steigungen, die sich manchmal besser schiebend bewältigen lassen. Aber auch nicht ohne Aussicht. Und nicht ohne Erholungspause.

#aufundab #Naturbad #türkisesWasser #Fahrtwind

Wie der Name schon sagt: Die Waldbahn tuckert gemütlich durch üppige Natur.

Schon die Anfahrt mit der Waldbahn lässt erahnen: Dieser Ausflug wird richtig schön! Sobald das kurze Stück Schnellstraße bei Patersdorf abgeradelt ist, ist man die Autos auch schon los. Links geht's Richtung Prünst und auf dem Schild ist ein blaues W zu sehen. Es steht für »Waldbahnradweg« und führt einen sicher bis nach Deggendorf. Hoch und wieder

Das Schönste an hügeligen Radtouren? Das Bergabsausen natürlich! Und das Finden von guten Aussichtspunkten und Orten für eine gemütliche Verschnaufpause.

runter und wieder hoch – die ersten Kilometer vertreiben den letzten Rest Schlaf aus Körper und Geist. Während die Beine arbeiten, können die Augen staunen: Da ist das Teisnachtal, das in allen Farben schimmert, gespickt mit Wäldern, Blumenwiesen und Dörfern mit schmucken, alten Bauernhäusern.

Es dauert nicht lange, bis der Ort Ruhmannsfelden erreicht ist. Wer jetzt schon schwitzt, biegt in den Gerberweg ab, überquert die Schnellstraße und nimmt Kurs auf das Kirchlein auf dem Hügel. Von dort aus sieht man es schon: das Naturbad mit seiner türkisen Farbe. Zwei Becken gibt es, eines für Kinder, eines für erwachsene Kinder. Herrlich kühl ist das chlorfreie Wasser! Und wie angenehm es ist, wenn nach dem Bad kein Schwimmbadgeruch an der Haut haftet.

Ewig könnte man hier in der Sonne liegen – wenn da nicht noch etwa 20 Kilometer warteten. Nachdem genug geplantscht wurde, schwingt man sich also wieder aufs Rad. Diesmal Richtung Gotteszell, von wo aus die Waldbahntrasse mit der grün-gelben Bahn einen begleitet. Durch die Bäume hindurch schieben sich immer wieder die Hügel des Bayerischen Walds ins Blickfeld. Und was da in der Ferne glitzert, ist die Donau.

Nach Grafling-Arzting führt der Weg fast nur noch bergab. Der Fahrtwind bläst die soeben durchlebten Strapazen fort. Bald schon ist das Ortsschild Deggendorf erreicht, der Bahnhof ist hier das Ziel. Wer möchte, kann sich die Stadt noch ansehen. Oder besser mit der Waldbahn zurück und ab ins Naturbad?

Und da ist es schon! Das Naturbad bei Ruhmannsfelden liegt versteckt hinter einem kleinen Hügel. Das Wasser ist angenehm kühl und türkisblau – und ungechlort. Was gibt es Schöneres?

Hin & weg: Startpunkt Bahnhof Patersdorf, Ziel Bahnhof Deggendorf.

Dauer & Strecke: Mit Badestopp locker ganztägig, die Fahrradtour allein dauert ca. 2,5 Std., 27 km.

Beste Zeit: Mai–Oktober. Je weniger Laub die Bäume haben, desto besser ist die Sicht auf die Hügel und ins Tal. Öffnungszeiten des Naturbads unter www.ruhmannsfelden.de/badesee

Ausrüstung: Badesachen, Trinkwasser. Am Naturbad gibt es einen Kiosk. Fahrradticket für den Zug nicht vergessen – notfalls kann es auch in der Waldbahn direkt gekauft werden.

> **FAZIT: ANSTRENGENDER, ABER SCHÖNER RADWEG. DER BESUCH DES NATURBADS MACHT DIESE ALLTAGSFLUCHT ZUM PERFEKTEN SOMMERAUSFLUG.**

IM REICH DER BIBER UND PADDLER

 ... Flusswanderung von Teisnach nach Schnitzmühle

#26

Kanada liegt zwischen Gotteszell und Viechtach. So nicken sich Wanderer und vor allem Paddler gegenseitig zu. Am Schwarzen Regen entlang von Teisnach bis Schnitzmühle verläuft ein Pfad, an dem man sich von dieser Aussage selbst überzeugen kann.

#Schleichweg #Biber #einsamamFluss #BayrischKanada

Hier hat der Biber sein Werk (fast) vollendet. Am Ufer des Flusses Schwarzer Regen finden sich viele solcher Bleistifte.

Wie das Werk von Kindern, die trotzig ihr Essen nicht aufessen wollen, stehen angenagte Baumstämme am Flussufer. Aus einer Laune heraus scheint der Biber manchmal nur ihre besten Stellen abzunagen, um dann weiterzuziehen, immer auf der Suche nach den knackigsten Rindenstücken.

Vor allem am Wegabschnitt zwischen Teisnach und Gumpenried sieht man, wie wohl sich der drittgrößte Nager der Welt am Schwarzen Regen fühlt. Verständlicherweise – es ist eine wilde Flusslandschaft, die dort versteckt zwischen Hängen wartet. Kaum ein menschlicher Laut verirrt sich hierher. Kein Dorf liegt an dieser Strecke, Autos hört man nur gelegentlich. Das Wasser rauscht über Steine, nutzt

die Kilometer, die es ohne Kraftwerke vor sich hin sprudeln darf. Das nehmen auch dankend die Kajak- und Schlauchbootfahrer an: Die anspruchsvollen Abschnitte »Bärenloch« und »Altriegel« gehören zur Wildwasserkategorie 1–2 und sollten nicht von Anfängern befahren werden. Es gibt jedoch zahlreiche Anbieter, die einen durch »Bayrisch Kanada« führen.

In Zwiesel treffen sich der Kleine und der Große Regen, um dann als Schwarzer Regen 52 Kilometer bis Pulling zu fließen. Dort, gemeinsam mit dem Weißen Regen, verliert er seinen Namenszusatz und macht sich nur noch als »Regen« auf den Weg zur Donau. Ein gut ausgeschilderter Flusswanderweg (Wellensymbol auf weißem Untergrund) bringt einen

von Teisnach bis Viechtach. Jedoch gibt es auch einen Schleichweg, der direkt am Ufer entlang verläuft. Meterhoher Farn, dornige Himbeerstauden, versteckte Löcher im Boden und matschige Stellen machen ihn zu einem Abenteuerweg, den nur diejenigen wählen sollten, die trittsicher sind, gute Schuhe besit-zen und gegen Kratzer eine lange Hose ange-zogen haben. Wer die Mühen in Kauf nimmt, kommt so auch an den Biberrestaurants vor-bei und dem Fluss richtig nahe.

Beim Wasserkraftwerk Gumpenried befindet sich die Einstiegsstelle für Wassersportler.

Der Schwarze Regen ist bei Bootsabenteurern sehr beliebt. Mal gibt er sich übermütig wild, mal mäandert er ruhig durch die idyllische Landschaft – auch Anfänger können ihn streckenweise befahren.

Ab dort wird der Wanderweg breiter und läuft oberhalb des Flusses entlang. Dennoch glitzert durch die Bäume hindurch das Wasser weiter zu einem hoch, wer sich still verhält, sieht auch so manche Flussbewohner wie Reiher oder Graugänse.

Die letzten Kilometer führen weg vom Schwarzen Regen, einen Hügel hoch und kurz darauf durch ein Waldstück hinab zu dem kleinen Ort Schnitzmühle. Beim Campingplatz ist die Haltestelle der Waldbahn. Wer mit ihr zurück nach Teisnach tuckert, sollte sich auf die linke Seite setzen. Von dort aus kann man noch mal auf den Schwarzen Regen schauen. Diesmal ganz ohne Anstrengung.

Hinweis: Der Schleichweg direkt am Fluss entlang zweigt kurz nach Beginn der Wanderung in Teisnach vom Hauptweg ab. Bitte vorsichtig sein, der Weg ist nicht gepflegt! Wer auf Nummer sicher gehen will, folgt besser dem Wellensymbol.

FAZIT: SCHÖNE FLUSSWANDERUNG IM REICH DER BIBER MIT SCHLEICHWEGPOTENZIAL.

Hin & weg: Waldbahnhof Teisnach. Von Schnitzmühle aus geht die Waldbahn zurück nach Teisnach.

Dauer & Strecke: Reine Gehzeit 4,5 Std., 16 km.

Beste Zeit: Frühling–Herbst.

Ausrüstung: Wasserfeste Wanderschuhe, lange Hose, evtl. Badesachen; Trinken und Essen für Pausen am Fluss.

FELS-BROCKEN VORAUS!

 ... Kajaktour von Nittenau nach Ramspau

#27

Wer etwas für seine Arm-, Bauch- und Rückenmuskeln tun möchte, sollte kajaken. Paddel schnappen, Rettungsweste an und ab geht's. Ein paar Stunden im Kajak auf dem Regen zu verbringen ist im Abschnitt Nittenau-Ramspau auch für komplette Flussneulinge möglich.

#Muskeltraining #Regenknie #Flussfindlinge #Badespaß

Beim Kajaken wird man zu einem Teil des Flusses. So ruhig ist es hier, dass auch die wenigen Dörfer am Ufer nicht stören.

Ein bisschen Nervenkitzel gehört dazu: Wenn man einen Fuß in das Kajak setzt, den zweiten ganz schnell nachholt und sich, schwupps, hinsetzt, ohne kopfüber ins Wasser zu kippen, dann darf man schon ein bisschen stolz sein. Genauso, wenn es darum geht, aus dem Boot auszusteigen und es ohne Wassertaufe zu schaffen.

Aber ein- und aussteigen muss man nicht oft auf der Strecke von Nittenau nach Ramspau. Genau genommen gibt es nur eine Umtragestelle: das Wehr bei Stefling. Der Ort ist leicht zu erkennen dank seines Schlosses, das auf einem Felsen thront. Bis zu diesem heiklen Platz dauert es aber erst mal anderthalb Stunden, genug Zeit also, sich mit seinem Ka-

jak und dem Gewässer vertraut zu machen. Der Regen fließt den gesamten Abschnitt über gemächlich dahin. Seine Wildheit lebt er weiter oben aus, bei Gotteszell, wo sich Wildwasserfahrer begeistert in das sogenannte Bärenloch stürzen. Wenn der Regen an Nittenau vorbeifließt, hat er schon lange an Geschwindigkeit verloren und verirrt sich immer wieder in Altwasserarme, in die sich Tiere und Pflanzen zurückziehen. So fühlt sich auch der Eisvogel am nicht begradigten Regen wohl. Er findet hier Brutplätze und Ruhe vor den Menschen. Bei der Tour ist es deshalb wichtig, nicht einfach irgendwo, sondern nur an den ausgeschilderten Stellen anzulegen und in der Flussmitte zu paddeln, um die Uferbewohner nicht zu stören.

Nach Stefling geht der Regen bald in die Knie: Die Stelle, an der der Fluss seine Rich-

tung ändert, also nicht mehr nach Nordwesten reist, sondern nach Südwesten abknickt und sich nach Regensburg zur Donau aufmacht, heißt »Regenknie«. Mitten in dem tiefblauen, von grünen Hügeln ummantelten Fluss liegen riesige Findlinge. Diese runden Steine gilt es vorsichtig zu umpaddeln. Vor allem jedoch sollten jene knapp unterhalb

Hin & weg: Mit dem Auto nach Nittenau, Flusskarte wird beim Verleih ausgehändigt.

Dauer & Strecke: 4 Std. ohne Pause, 16 km.

Beste Zeit: Frühling–Herbst. Im Sommer über Wasserstand informieren – je weniger Wasser, desto anstrengender die Tour.

Ausrüstung: Kajak- und Kanuverleih mit Abholservice in Nittenau (Regental-Kanu, www.bootwandern. de). Badesachen und Verpflegung, denn erst bei Ramspau gibt's Einkehrmöglichkeiten.

Das Wehr bei Stefling ist das einzige größere Hindernis auf der Strecke und sorgt für eine kurze Unterbrechung der Flusstour. Pausen müssen trotzdem sein und können an ausgewiesenen Stellen gemacht werden.

der Wasseroberfläche nicht übersehen werden. Sie verraten sich oft durch kleine gekräuselte, V-förmige Wellen.

Das wunderschöne, ruhige Regental wird nur von einer kleinen Straße und wenigen Dörfern belagert, sodass auf Hunderten von Metern kein Betonfleck, kein Geräusch stört. Nur die Bäume und Vögel gucken den seltsamen Wesen in Schwimmwesten auf dem Wasser zu, die sich abrackern und beständig das Paddel eintauchen. Kurz vor Ramspau wird es noch mal richtig anstrengend. Bevor man bei dem schönen Dorf baden und einkehren kann, muss gegen den Rückstau des Wehrs gekämpft werden. Doch auch das ist zu schaffen, und am Ziel angekommen, hat man eine wunderbare Flusswanderung hinter sich, die einem Einblicke in die Natur bietet, welche nicht zu Fuß oder per Rad zu erleben sind.

FAZIT: INSPIRIERENDE EINBLICKE IN DAS FLUSSLEBEN, KOMBINIERT MIT BADE- UND EINKEHRMÖGLICHKEITEN IN RAMSPAU.

STADT AUF DEM HÜGEL

⋝ ... Wanderung rund um und durch Waldkirchen ⋜

#28

Ein rauschender Bach und eine berauschende Stadt: Waldkirchen mit seiner Saußbachklamm und den Aussichtspunkten nur zu streifen, wäre viel zu schade. Wieso also nicht einen Tagesausflug daraus machen und all die kleinen Schönheiten in und um die Stadt herum mit Muße entdecken?

Während unten in der kühlen Klamm der Saußbach rauscht, sprudelt am von bunten Häusern gesäumten Marktplatz Waldkirchens munter ein Brunnen vor sich hin.

Der Saußbach gräbt sich durch zwei Hügel hindurch, schmiegt sich regelrecht in sein über Jahrtausende geformtes Bett: die Klamm. Sie bleibt auch dann noch kühl, wenn es im Sommer über 30 Grad hat. Das wild rauschende Gewässer, in dem sich sogar Flusskrebse zu Hause fühlen, heißt nur in dem kurzen Abschnitt um die Stadt Waldkirchen herum Saußbach, ansonsten hört es auf den Namen Erlau.

Vom Parkplatz am Fischhäusl geht es links in den Wald hinein und über eine Brücke zum linken Ufer. Der Bach springt munter über Steine und Baumstämme hinweg, als gäbe es diese bemoosten Zwerge und Riesen überhaupt nicht. Er lässt sich auch nicht von den Holzbrücken beeindrucken oder den Spaziergängern, die dieses Stück Natur genießen.

Lang dauert es nicht, dann taucht die Haller Alm auf der anderen Uferseite auf. Fragt man Ortskundige, hat diese winzige Holzhütte hier schon immer gestanden. Und auf habe sie nur, wenn die Besitzerin Lust dazu hat. Meistens hat sie und man kann sich draußen an einen Tisch setzen und dem Rauschen des Saußbachs das Klirren von Gläsern hinzufügen. Weiter geht's, zurück über die Holzbrücke auf

Hin & weg: Wanderparkplatz am Fischerhäusl.

Dauer: 3 Std., 7 km.

Beste Zeit: Immer. Die Wasserfälle sind nach einem Regenschauer noch beeindruckender, im Herbst erstrahlt die Klamm unter bunt gefärbten Blättern.

Ausrüstung: Feste Schuhe; Einkehrmöglichkeiten: Haller Alm in der Saußbachklamm, Bogners Bioladen (www.bognersbio.de), Eisdiele Tiziano (Rathausplatz 3).

Die Haller Alm sieht nicht nur cool aus, sie ist es auch: Sie hat nur dann geöffnet, wenn die Betreiberin Lust dazu hat. Zum Glück ist das häufig der Fall.

die linke Uferseite. Der Pfad schlängelt sich um dicke Buchen- und Fichtenstämme, bis er schließlich etwas in die Breite geht und an Bogners Bioladen endet, der in der 300 Jahre alten Saußmühle eingerichtet wurde. Dort biegt der Weg nach rechts ab, führt den Hügel hinauf und begibt sich nun Richtung Stadt.

Vom leuchtend bunten Marktplatz trennt nur ein kurzes Stück historische Stadtmauer, ein Überbleibsel aus der Zeit, als Waldkirchen einer der bedeutenden Handelsorte am Goldenen Steig war und sich gegen Feinde schützen musste. Ab jetzt übernimmt der Gartenschauweg Nr. 5 die Führung. Er verläuft an der Kirche »Bayerwalddom« und der Eisdiele Tiziano vorbei und direkt in den Friedhof hinein. Wer sich dort oben nicht umdreht, verpasst einen der überraschendsten und schönsten Ausblicke im Bayerischen Wald. Obwohl die Stadt nur 600 Meter hoch liegt, sieht man unfassbar weit ins Land hinein. Ganz links ist der Brotjacklriegel, während auf der rechten Seite Rachel, Lusen und der Dreisessel das dahinterliegende Tschechien abschirmen. Dazwischen leuchten goldgrün weitere Hügel des ehemaligen Nordwalds, bei Föhn zeigen sich im Süden die Alpen.

Bald darauf geht es in den Zauberwald hinein und unter glitzernden, von Ästen herabhängenden Glasscherben hindurch, die je nach Tageszeit eine andere Stimmung verbreiten. Ein Holzwurm will durchquert werden, zu beiden Seiten des Pfads grinsen die unterschiedlichsten Figuren hervor, aus kleinen und großen Baumstämmen geschnitzt – all das

sind Überbleibsel der 2007 in Waldkirchen ausgerichteten Gartenschau.

Kurz nach dem Karoli-Badepark öffnet sich linker Hand eine Allee mit uralten knorrigen Baumwächtern. Hier geht es hoch zur Karoli-Kapelle. Auf der Bank bei der »Oase der Ruhe«, kann man zum Abschluss der Wanderung der Welt beim Verschwinden in die Nacht zusehen und sich dann zurück zum Parkplatz aufmachen.

FAZIT: DIE MISCHUNG MACHT'S – EIN BISSCHEN STADT, EIN BISSCHEN NATUR, VIELE EINKEHRMÖGLICHKEITEN.

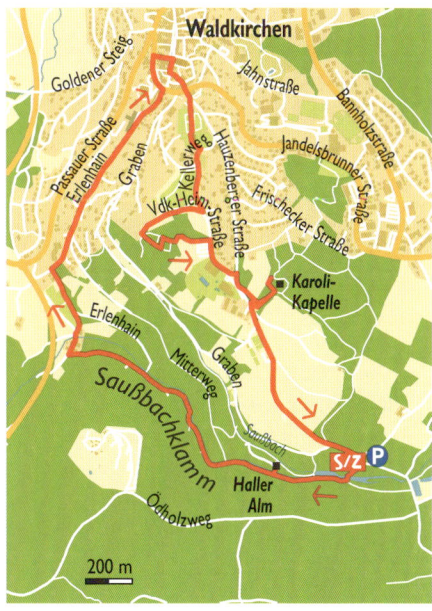

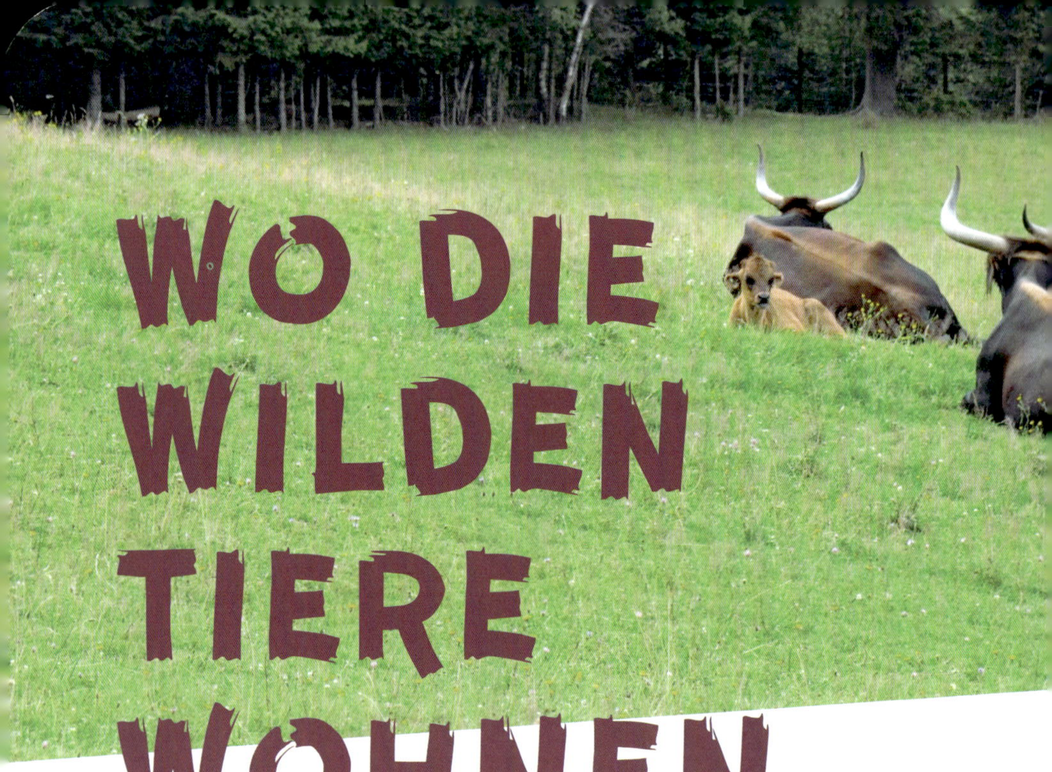

WO DIE WILDEN TIERE WOHNEN

... von Ludwigsthal nach Bayerisch Eisenstein

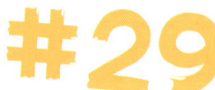

#29

Ganz leise. Ganz vorsichtig. Wer zu laut ist, hat verloren. Beim Tierfreigehege Falkenstein sieht nur der was, der Rücksicht nimmt. Also: auf leisen Pfoten anschleichen! Und Wildpferd, Auerochse, Wolf und Luchs bewundern. Danach, wenn alle Tiere geknipst sind, geht's in den Urwald.

#UrwaldpferdeundAuerochsen #HauszurWildnis #tschechischeGrenze #Riesentanne

Waren eigentlich schon ausgestorben: die Auerochsen mit ihren bis zu einem Meter langen Hörnern und die Wölfe, über deren Rückkehr in den Bayerischen Wald sich nicht jeder freut.

Da sind sie. Gleich hinter der Steinzeithöhle. Schlagen mit ihren Schweifen nach lästigen Fliegen und wandern gemächlich über das saftige Gras. Wildpferde, genauer gesagt Przewalski-Urwaldpferde. Sie galten als ausgestorben, bis der russische Forscher Nikolai Przewalski auf einer Reise 1878 am Rand der Wüste Gobi einige Exemplare entdeckte. Ganz friedlich sehen sie aus, wild lebend jedoch können sie sich sogar erfolgreich gegen Wölfe wehren. Auf der gegenüberliegenden Koppel grasen die nächsten eigentlich auch ausge-

storbenen Tiere: Auerochsen. Mithilfe von Rückzüchtungen konnten die bis zu 1,80 Meter großen Urrinder »wiederbelebt« werden. Ihre mächtigen Hörner werden bis zu einem Meter lang.

Beim nächsten Gehege heißt es: länger stehen bleiben. Und genau hinschauen. Die Schatten, die zwischen den Baumstämmen, sind Wölfe. Und im Bereich etwas weiter unten? Da leben Luchse. Aber die sieht nur, wer Glück hat. Bei den Besuchermassen an sonni-

Am Schwellhäusl ist meistens richtig viel los. Genauso im Hans-Watzlik-Hain, wo eine 51 Meter hohe Tanne steht, deren Durchmesser knapp zwei Meter beträgt (rechts). Ruhiger wird es erst Richtung Bayerisch Eisenstein.

gen Tagen zeigen sich die scheuen Raubkatzen nur ungern. Mehr Erfolg verspricht da ein Ausflug in der Dämmerung oder nachts, am besten im Rahmen einer Nationalparktour.

Wer noch mehr über das Leben im Wald erfahren will, sollte sich ins Haus zur Wildnis wagen. Es ist gleich bei den Gehegen ums Eck. Mit Videos und Mikroskopen, Knöpfen und drehbaren Baumstämmen macht es hier richtig Spaß, die Natur genauer unter die Lupe zu nehmen. Für Hungrige gibt es eine Kleinigkeit im Bio-Restaurant (www.gastronomie-hauszurwildnis.de). Wer noch weiterwandern möchte, folgt ab jetzt dem Luchspfoten-Schild nach Bayerisch Eisenstein: hinein in den Wald, bis zur Zwieseler Hütte (www.zwieseler-huette.de) und durch den Hans-Watzlik-Hain hindurch. Hier soll wieder Urwald entstehen, weshalb

das Totholz so liegen bleiben darf, wie es ihm gefällt. In diesem Waldabschnitt steht auch ein echter Star: 51 Meter hoch und etwa 450 Jahre alt – diese Riesentanne muss man einfach umarmen.

Am Schwellhäusl (www.schwellhaeusl.de) lässt sich kurz verschnaufen. Aber wie auch schon im Tierfreigelände ist hier meist richtig viel los, ruhiger wird es erst wieder auf der weiteren Wanderung nach Bayerisch Eisenstein. In dem kleinen Grenzort zu Tschechien (der Grenzstein ist gleich beim Bahnhof, schnell einmal rüberhüpfen und zurück auf die deutsche Seite) gibt es auch hübsche Bänke, wo die mitgebrachte Brotzeit ausgepackt werden kann. An klaren Tagen gibt's eine herrliche Kulisse gratis dazu: den Großen Arber, der sich stolz in den Himmel reckt.

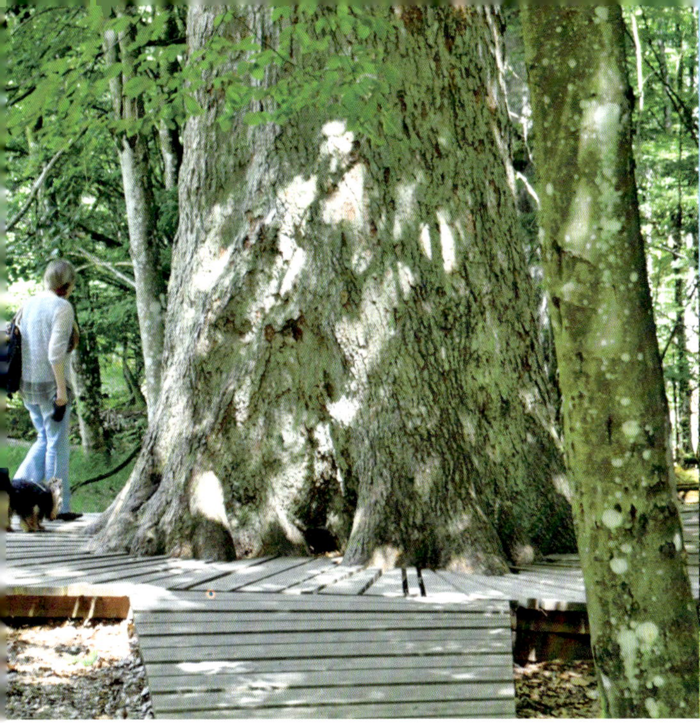

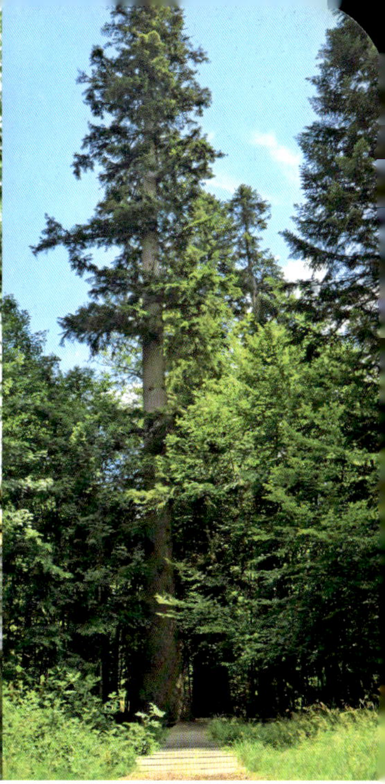

FAZIT: TIERFREIGEHEGE UND WANDERUNG BIS ZUR TSCHECHISCHEN GRENZE: EIN PERFEKTER TAGESAUSFLUG OHNE MUSKELKATERGEFAHR.

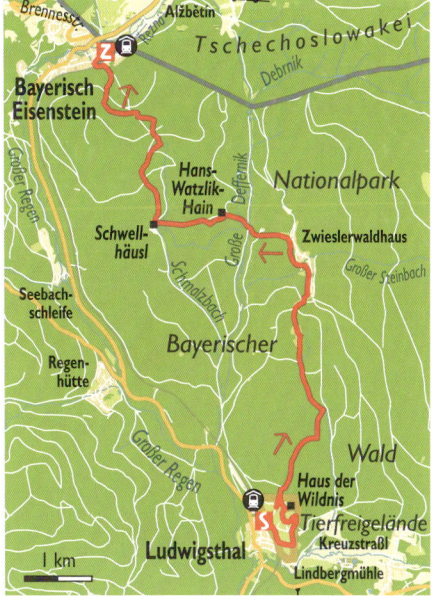

Hin & weg: Bahnhof Ludwigsthal, in Bayerisch Eisenstein holt einen die Waldbahn wieder ab.

Dauer & Strecke: 6 Std. mit Pausen und Tiere gucken, 16 km.

Beste Zeit: Frühling–Herbst. Infos zu Touren unter www.nationalpark-bayerischer-wald.de

Ausrüstung: Fernglas sowie Trinken und Essen, wer keine Lust auf überfüllte Gasthäuser hat.

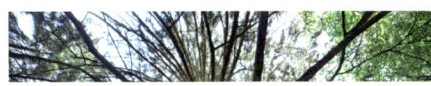

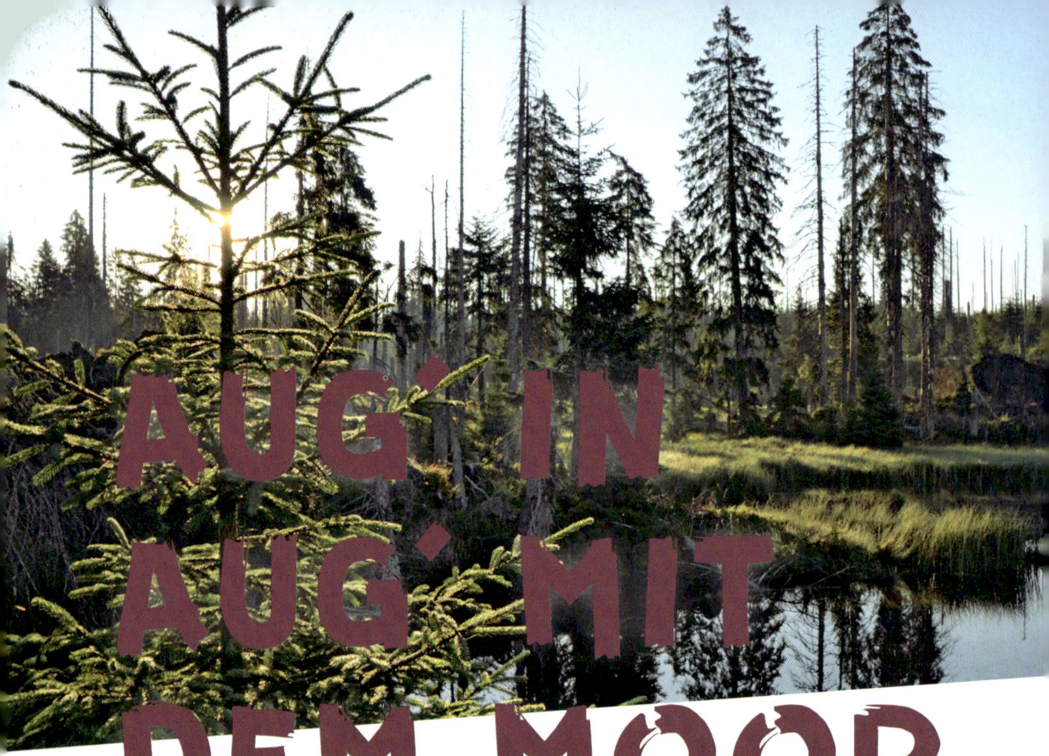

AUG' IN AUG' MIT DEM MOOR

... Schachten und Filze im Nationalpark

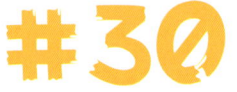

#30

Sie entführen in eine andere Welt: die Schachten und Filze, ehemalige Weidewiesen und Moore inmitten des Nationalparks Bayerischer Wald. Eine mystische Stille herrscht hier oben und hüllt Wanderer ein, die sich aufmachen in diese Einsamkeit.

#Schachten #Filze #bizarreLandschaft #keinLaut

Auf dem feuchten Boden der Schachten wurde früher das Vieh geweidet. Und immer wieder tun sich geheimnisvolle Tümpel auf, die Mooraugen.

Wilder Wald. Der bildet den Anfang dieses sechseinhalb Stunden dauernden Ausflugs. Er steht da mit all seinen Makeln. Mit kranken und toten Fichten, die hier aber stehen dürfen, stehen müssen – denn das Motto des Nationalparks Bayerischer Wald ist: Natur Natur sein lassen. Der Mensch mischt sich so wenig wie möglich ein. Und das steht dem Wald richtig gut.

Die Markierung »Pestwurz« zeigt, wo es vom Wanderparkplatz Buchenau aus langgeht. Bergauf, zunächst immer bergauf, der Wald gibt seinen Schatz nicht so leicht preis. Immer wieder fließen Bächlein über den Wanderweg, der Schlamm zieht an den Schuhen und umgefallene Baumstämme erfordern kurze Klettereinlagen. Ja, diesen Schatz muss man sich verdienen. Aber er ist jeden Schritt wert.

Nach etwa anderthalb Stunden lichten sich die Bäume und der ersten Schachten tut sich auf. Schachten, das sind vor Jahrhunderten angelegte Weidewiesen, auf denen nun Heidelbeersträucher und Borstgras wuchern. Mittendrin buckeln uralte knorrige Eichen, sogenannte Hutebäume, die auf solchen Rodungsinseln wachsen. Bald taucht die Hirschbachschwelle auf, wo früher Holz getriftet (auf dem Wasser transportiert) wurde. Hier zweigt der Weg links ab in den Zwieselter Filz. »Filz« ist die altbayerische Bezeichnung für Hochmoor. Ein Plankenweg führt mitten hinein in diese bizarre Landschaft, in der junge Kiefern und einige krumme Fichten Mooraugen umgeben. Außer dem Knarren der Planken unter den eigenen Füßen und dem Brummen der Schwebefliegen, die einen manchmal hartnäckig verfolgen, ertönt kein Laut.

Weitere Schachten tauchen auf. Der Kohlschachten liegt auf 1150 Meter, 1733 wurde er erstmals erwähnt. Wollgras macht sich

Im Juni ist überall auf den Wiesen der weiße Flaum des Wollgrases (links) zu sehen. Die Talwassersperre (Mitte) wird von Fichten umrahmt, wer Ausschau hält, findet am Wegesrand vielleicht sogar den seltenen Ungarischen Enzian.

auf der ehemaligen Weidefläche breit. Wenn es blüht, sieht es wirklich ein wenig aus wie das Schaf unter den Pflanzen. An den Latschenfilz (Latschen = Bergkiefern) mit dem Latschensee schließt der Hochschachten an, der bis 1961 beweidet wurde und 9,5 Hektar groß ist. Auf diesen Flächen wachsen so seltene botanische Kostbarkeiten wie Morgentau und Arnika, weshalb die Pfade nicht verlassen werden dürfen.

Nach dem Almschachten führt wieder das Pestwurzsymbol hinab in Richtung Frauenau. An der Trinkwassertalsperre spiegeln sich die Fichten im dunkelblauen Wasser des Stausees. Nach der Brücke geht es kurz auf der Teerstraße entlang, dann rechts zurück in den Wald. Der Weg mündet in eine wunderschöne, kurze Allee, die direkt in Buchenau endet.

FAZIT: EINER DER SCHÖNSTEN WANDERWEGE IM NATIONALPARK BAYERISCHER WALD. WER WILDNIS UND STILLE SUCHT, WIRD NICHT NUR EINMAL HIERHERKOMMEN.

Hin & weg: Wanderparkplatz Buchenau, wechselnde Beschilderung: 1. Pestwurz, 2. Wolf, 3. Buchenau.

Dauer & Strecke: 6,5 Std., 20 km.

Beste Zeit: Sommer, Herbst; evtl. Wegsperrung (www.nationalpark-bayerischer-wald.bayern.de) wegen Brutzeit beachten.

Ausrüstung: Wasserfeste Wanderschuhe, lange Hose, Jacke, Trinken und Essen.

SCHUMMELN ERLAUBT

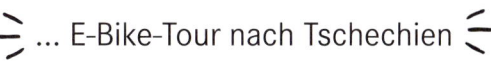

... E-Bike-Tour nach Tschechien

 Zusammen bilden sie das größte zusammenhängende mitteleuropäische Waldgebiet, das »Grüne Dach Europas«: Zwischen den Bäumen des Bayerischen Walds und des Nationalparks Šumava verstecken sich so unendlich viele Fahrradwege, dass es Zeit wird, sie zu erkunden. Mitten in all dem Grün liegen außerdem zwei glitzernde Gletscherseen, die jede Steigung wert sind.

Im Nationalpark Šumava ist an schönen Tagen richtig viel los. Vor allem lieben die Ausflügler Wanderungen zum Schwarzen See, der allerdings auch mit einer kleinen Bahn zu erreichen ist.

Diese Tour ließe sich auch mit guten Mountainbikes bewältigen. Aber sobald die erste Steigung das Fahrrad gefühlt in die Senkrechte hebt, sind ungeübte Beine froh um den kleinen Knopf am Lenkrad. Suuuuummmm, da schaltet sich der Motor ein und hilft, den Anstieg zu bewältigen. Ach, das E-Bike, so verpönt es bei manchen auch sein mag, es ist im Bayerischen Wald ein echter Glücksfall. Und es bleibt ja auch anstrengend, denn natürlich tritt das E-Bike nicht von allein.

Von Bayerisch Eisenstein führt der Radweg 13 in die Schwesterstadt Železná Ruda (Markt Eisenstein), dann geht es weiter zum Schwarzen See und zum Laka. Man keucht und schwitzt und flucht über die Idee, eine Fahr-radtour in diesem Mittelgebirge zu machen. 40 Kilometer, auf der Landkarte ein Klacks, in der Realität ein schweißnasser Rücken und ein hochrotes Gesicht.

Aber dieser Knopf! Dieses Plus am Lenkrad. Einmal drücken und schon sirrt es, der Motor des E-Bikes schnurrt und hilft mit – und plötzlich ist die Tour wieder der beste Ausflug

Hin & weg: Bahnhof Bayerisch Eisenstein.

Dauer & Strecke: Mit Pausen 5,5 Std., 40 km.

Beste Zeit: Sommer.

Ausrüstung: Feste Schuhe, Getränk. E-Bike-Verleih: www.ebike-bayerischer-wald.de

Erst strampeln, dann einfach runterrollen! Auf der tschechischen Seite wird's deutlich einfacher: Sechs Kilometer geht es Schuss bergab, bis der dichte dunkelgrüne Wald einen kurz vor Markt Eisenstein wieder ausspuckt.

seit Ewigkeiten. Denn schon nach einer Stunde ist der erste See erreicht. Der Schwarze See, eine glitzernde Perle umgeben von Fichtenhängen, ein auch für Autotouristen gut erschlossener Ort, zu dem mittlerweile sogar eine kleine Bimmelbahn fährt. Und trotz des Trubels gehört der See einfach mit zur Tour, weil er nach so viel Gestrampel ein atemberaubender Anblick ist.

Nach der ersten Pause fährt man ein Stück zurück und überquert beim Hotel Karl die Straße. Ab nun weist die Nr. 33 weiter nach Tschechien. Nachdem die Steigung zum Pancír (Panzer) geschafft ist, wird es deutlich entspannter – und mit bis zu 45 km/h lässt es sich dann den Berg wieder runtersausen. Die wilde Fahrt spuckt einen auf einer weiten Bergwiese aus (ab hier Weg Nr. 1215), auf der sich die ehemalige Glashütte Neubrunst befindet.

Weiter geht's in den Nationalpark Šumava hinein zum Ort Nová Hurka (Neuhurkenthal). Man verlässt die Nr. 33 und steuert die Wüstung Hurkenthal mit Kirchenruine an. Von dort aus links halten, bis der Laka vor einem auftaucht. Ein herrlich ruhiger Gletschersee, wo kaum Leute hinkommen, weil es keine Parkplätze und keinen Essensstand gibt. Die zweite Pause des Tages sollte hier gemacht werden. Ausführlich, um Energie zu tanken für den letzten Anstieg (erneut Weg Nr. 1215). Danach geht es fast sechs Kilometer steil bergab nach Železná Ruda, die Nr. 13 schließlich führt zurück nach Bayerisch Eisenstein.

FEDER-LEICHTER FEDER-WEIßER

 ... unterwegs im kleinsten Weinanbaugebiet Bayerns

#32

Karger Boden, unzuverlässiges Wetter, kaum Platz für den Anbau. Die Idee, zwischen Bach an der Donau und Wörth an der Donau Wein anzubauen, ist so verrückt, dass man einfach hin und sich das ansehen muss. Und wer schon mal dort ist, sollte natürlich auch den Baierwein probieren.

Sie kündigen die kalte Jahreszeit an: Auf einer Wiese vor den Weinhängen bei Bach an der Donau leuchten Herbstzeitlose. Sie sind mit die letzten Blumen des Jahres und sehr giftig.

Übertreibung ist. Da strotzen gefühlt ein paar Handvoll Weinstöcke Wind und Wetter. Und wer von dort aus über Kruckenberg bis Wiesent läuft, wird staunen, wie viele Weinstuben in solch einem Mini-Gebiet Platz haben.

Doch zurück nach Bach: Das Baierweinmuseum am Ortsrand ist im ehemaligen Presshaus aus dem Jahr 1615 untergebracht. Die Geschichte des ansässigen Weinanbaus geht allerdings noch weiter zurück: Im 7. Jahrhundert schon wurde rund um die kleinen Ortschaften Bach und Kruckenberg Weinbau betrieben. Der Wein, der dabei rauskam, hatte keinen guten Ruf. Die damaligen Verkoster meinten, er hätte starke Ähnlichkeit mit Essig und würde sich aufgrund seiner zusammenziehenden Wirkung gut für Mörtel eignen. 1956 kam der Weinanbau fast zum Erliegen, doch seit 1970 geht es wieder aufwärts. Mit neuen Sorten wie Müller-Thurgau arbeitet man fleißig an der Verbesserung der Qualität des Baier-

Ehrlich gesagt es gibt besseren Wein. Aber auch schlechteren. Die Hänge ums Eck von Regensburg sind das kleinste Weinanbaugebiet Bayerns. Wer sich nach Bach an der Donau begibt, merkt schnell, dass dies keine

Erst mal zur Donau runter und den Blick übers Wasser schweifen lassen, bevor es zur Weinverkostung geht. Köstlich: Zum Baierwein wird eine traditionelle deftige Brotzeit serviert.

weins. Ob die Erzeugnisse einem selbst zusagen, lässt sich in den vielen Weinstuben in Bach, Kruckenberg und Wiesent herausfinden. Hier gibt es Brotzeit und Sitzplätze auf von Weinranken überwucherten Terrassen. Und Federweißen, der schon mit auf der Bestel-

lung landen sollte. Das Erzeugnis – nicht mehr Traubensaft, noch nicht Wein – erinnert an süße Limo und prickelt auf der Zunge. Nach sorgfältiger Verkostung in den ersten Weinstuben in Bach lässt sich beschwingt die Weinroute entlangwandern, die ganz ohne Steigungen zwischen den grünen Hügeln und der leise dahinfließenden dunkelblauen Donau verläuft.

Tipp: Es gibt die offizielle Weinroute (www.regensburgerlandwein.de), man kann jedoch auch von Bach nach Kruckenberg an der Donau entlanglaufen.

Hin & weg: Per Bus oder Schiff von Regensburg nach Bach. Ab Wiesent zurück mit dem Bus nach Regensburg.

Dauer & Strecke: Tagesauflug, 9 km.

Beste Zeit: Mitte August–Oktober, wenn es Federweißen gibt. Öffnungszeiten des Museums unter www.baierwein-museum.de

Ausrüstung: Etwas zu trinken für unterwegs. Weinstuben zum Einkehren in Bach: Eibl's Weinstube (www.weinstube-eibl.de), Zum Bacherer (www.bacherer-landgasthof.de). In Kruckenberg: Zum Kruckenberger (www.zum-kruckenberger.de)

FAZIT: FÜR EINEN VERGNÜGLICHEN NACHMITTAG IST DAS VIER HEKTAR KLEINE WEINANBAUGEBIET GENAU RICHTIG.

SCHWARZE PERLE

... Wanderung durch das Ilztal

#33

Mal ganz ruhig, dann wieder ungehalten und stürmisch fließt die Ilz in ihrem Flussbett dahin. Beschützt von dichten Wäldern sucht sich das Wasser der »schwarzen Perle« seinen Weg zur Donau. Das Ufer bietet seltenen Tieren und Pflanzen Lebensraum und den Menschen eine Zuflucht.

Ungeduldig ist das Wasser der Ilz. Es fließt zügig auf seinen 68 Kilometern dahin, bis es bei Passau in der Donau verschwindet. Bricht immer wieder aus, rauscht über Steine hinweg, verliert sich in Altwasserarmen und wird nur dann ruhiger, wenn sich eine Mühle nähert. Die Ilz ist das letzte große Wildwasser Ostbayerns und wird auch »schwarze Perle« genannt – »schwarz«, weil das Wasser am Oberlauf durch Moore fließt, wodurch Huminsäure ausgeschwemmt wird, die für die Färbung verantwortlich ist. Und »Perle«, weil sie genau das ist: ein Schatz inmitten des Bayerischen Walds.

Bei der Schrottenbaummühle beginnt die Wanderung. An Sommertagen tummeln sich hier Ausflügler im Biergarten und auf dem dazugehörigen idyllisch gelegenen Camping-

platz direkt am Fluss wachsen Zelte aus dem Gras wie Wiesenchampignons. Auf der linken Uferseite geht es flussaufwärts durch Fichten hindurch, unter die sich mächtige Buchen mischen.

Es ist ruhig hier. Wer die Ufer und das Wasser im Blick behält, entdeckt vielleicht einen Fischotter. Oder eine Wasseramsel auf

Hin & weg: Parkplatz Schrottenbaummühle (auch Einkehrmöglichkeit, www.schrottenbaummuehle.de), Markierung Ilztalwanderweg.

Dauer & Strecke: Ca. 4,5 Std., 15 km.

Beste Zeit: Frühling oder Herbst, wenn die noch oder wieder blätterlosen Bäume Blicke auf den Fluss freigeben.

Ausrüstung: Feste Schuhe, Trinken und Essen.

Auf Dießenstein lebten einst Burgherren und -fräulein. Heute bewohnen nur noch Ebereschen die letzten Reste der Anlage. Die Ilz hingegen ist heute noch dicht besiedelt. In ihren Altwasserarmen finden Fische und andere Flussbewohner gute Kinderstuben für ihren Nachwuchs.

Beutezug. Sie ist der einzige Singvogel, der taucht und am Flussgrund entlangläuft, um kleine Krebstiere, Larven und Schnecken zu erwischen. Oder es zeigt sich ein seltener Flussuferläufer, ein Vogel, der auf Kiesbänken sein Mittagessen sucht. Gelbe und lila Punkte dominieren die Pflanzenwelt: Der Sonnenhut und das Indische Springkraut kämpfen um die Vorherrschaft. Beide sind eingewandert und fühlen sich an der Ilz trotzdem ziemlich wohl, was für die einheimischen Pflanzen nicht so gut ist. Doch die geben nicht auf und zwischen die Eindringlinge mogeln sich Schwertlilie, Glockenblume und Eisenhut.

Kurz vor der Burgruine Dießenstein kommt der Ilzsteg, der zur Dießensteinmühle hinüberführt. Der Vorgänger dieses unscheinbaren Brückchens war Zeuge vieler Dramen – lag doch auf der östlichen Seite das Bistum Passau, auf der westlichen das Herzogtum Bayern. So richtige Sympathien brachte keiner der Herrscher dem jeweils anderen entgegen. 1610 wurde die Brücke von den Bayern abgerissen, damit das »raubende Passauer Kriegsvolk« nicht mehr rüberkonnte. Und später, als die Pest wütete, musste der Steg erneut dran glauben.

Seither jedoch wird die Brücke gepflegt und lässt sich ohne Hindernisse überqueren. Was gut ist, denn so gelangt man nicht nur auf die andere Seite, sondern auch zu der kleinen Abzweigung, die den steilen Hang zur Burgruine hochführt. Die größte Stunde dieser kleinen

Anlage war wohl, als sie im 18. Jahrhundert vom Pandurenführer Freiherr von der Trenck mit Kanonenkugeln beschossen wurde. Heute herrscht hier Frieden und Stille, wenngleich die Ruine immer noch kleinen Angriffen ausgesetzt ist: von den Pflanzen, die sich die Reste einverleiben und dafür sorgen, dass das Tal der »schwarzen Perle« wild und zivilisationsfrei bleibt.

FAZIT: STADTMÜDE? EINE RUHIGE, WEITGEHEND UNBERÜHRTE FLUSSLANDSCHAFT WARTET AN DER ILZ AUF AUSFLÜGLER.

EIN MÜRRISCHER FELSEN

=‹ ... übers Höllbachgspreng zum Großen Falkenstein ‹=

#34

Wenn der Wald in Flammen steht, ist es Herbst: Die Blätter färben sich gelb, orange und rot und fallen schließlich raschelnd zur Erde. An diesen Tagen muss man noch mal raus und Frischluft sammeln. Und wo könnte man das besser als auf einem Gipfel?

#Höllbachquelle #verhangenerGipfel #Schwefelflechte

Auf der einen Seite des Falkensteins rauscht die Quelle des Höllbachs, auf der anderen rascheln die jungen Buchen mit ihren herbstlich verfärbten Blättern.

Frischluft gibt es auf dieser Tour zur Genüge, Sonne jedoch nicht. So viel als Vorwarnung. Wer auf dem Großen Falkenstein einen strahlend blauen Tag erwischt, kann sich als Glückspilz bezeichnen. Denn er ist ein recht mürrischer Berg. Oft zieht er sich die Wolkendecke über den Kopf und will nichts und niemanden sehen. Davon sollte man sich nicht abschrecken lassen, sich jedoch gut auf Wetterumschwünge vorbereiten: Feste Wanderschuhe müssen mit, denn der Weg ist steinig, rutschig und anstrengend. Eine Regenjacke

Die Raupe des Buchenrotschwanzes ist leicht an dem Stachel zu erkennen. Neben gelben gibt es auch rote Exemplare. Rund um den Falkenstein kann man sie entdecken.

kann auch nicht schaden, da der Berg öfter mal zur Zielscheibe von Regenwolken wird.

Bevor man zum Gipfel gelangt, taucht zunächst der Höllbach auf. Er entspringt hier, mitten im Herzen des Bayerischen Walds. Vom Höllbachgspreng aus – so heißt der Ort, wo das Wasser aus der Erde hervorbricht – macht sich das Wasser auf ins Tal, ergießt sich in kleinen Kaskaden und fließt mal stärker, mal nur als Rinnsal über tote Baumstämme und Steine hinweg.

Bachaufwärts geht es für Wanderer, vorbei an der Höllbachschwelle, wo einst das Wasser gestaut und zum Triften von Baumstämmen verwendet wurde. Immer weiter hinauf bis zum Gspreng, das den Leuten früher mit seinen glühenden Schwefelflechten und seiner unheimlichen Wasserkraft wie der Eingang zur Hölle erschien.

Lässt es der Höllbach zu, überquert man ihn und setzt den Weg auf der anderen Seite fort (ansonsten gibt es eine Alternative durch Filze hindurch, die genauso viel Zeit in Anspruch nimmt). Das Heidelbeersymbol bringt einen hoch zum Großen Falkenstein. Der Aufstieg kann als alpin durchgehen, die natürlichen Steinstufen sind nicht für Menschenschritte gedacht. Aber es ist zu schaffen. An riesigen Felsbrocken vorbei und unter jungen Buchen, älteren Ahornbäumen und klapperdürren Fichten hindurch gelangt man auf die Spitze des Bergs. 1315 Meter hoch ist der Falkenstein und wenn er will, zeigt er den Gipfelstürmern einen Ausblick auf all die grünen, südlich gelegenen Hügel. Aber nur, wenn er will.

Nicht immer haben Wanderer das Glück, vom Gipfel aus ins Tal hinabzublicken. An den meisten Tagen im Jahr versteckt sich der Berg hinter einer Wolkendecke.

Hin & weg: Parkplatz Kreuzstraßl (auch Igelbus-Haltestelle); Wegmarkierung Silberblatt bis Höllbach-gspreng, dann Heidelbeere bis zum Gipfel und Eberesche zurück zum Parkplatz.

Dauer & Strecke: 4 Std., 14 km.

Beste Zeit: Sommer, Herbst; Streckensperrung im Sommer wegen brütender Wanderfalken beachten (auf www.nationalpark-bayerischer-wald.bayern.de unter Service).

Ausrüstung: Gute Wanderschuhe, Trinken und Essen. Einkehrmöglichkeit im Schutzhaus Falkenstein (www.schutzhaus-falkenstein.de).

FAZIT: EINE ANSTRENGENDE HALBTAGESWANDERUNG ÜBER DAS HÖLLBACHGSPRENG, DIE JEDOCH MIT VIEL NATUR UND SCHÖNEN FLECKEN BELOHNT.

FARBEN SAMMELN

≥ ... im Nationalpark Bayerischer Wald ≤

#35

Wenn der Sommer vorbei ist und sich manche Nächte bereits wie Winter anfühlen, sollte unbedingt der goldene Herbst genutzt werden, um noch mal Farben zu sammeln. Richtig gut geht das auf einer Runde durch den Nationalpark zum Großalmeyerschloss und Sagwasserbach.

Es kommt einem fast so vor, als habe jemand einen knalligen Regenschirm aufgespannt. Die Buchen färben ihre Blätter in allen erdenklichen Gelbtönen. Es gibt viele von ihnen hier, am Fuße des Lusens. Mal sind sie so hoch, dass ihre Spitzen im blauen Himmel zu verschwinden scheinen, dann stehen da wieder jüngere Generationen, die den Großen nacheifern. Wer sich von Sagwassersäge aus zum Großalmeyerschloss hocharbeitet, wird diese strahlenden, herbstfrohen Buchenwälder durchqueren. Aber genauso die Fichtenbestände, die sich kein neues Farbenkleid zulegen und lieber bei ihrem Immergrün bleiben.

Mal schmaler, dann wieder breiter verläuft der Weg nach oben, dies jedoch bleibt der einzige Anstieg auf der Tour. Sobald man ihn überwunden hat, ist der Tummelplatz erreicht, wo sich

früher während der Sommermonate Hirten und Weidevieh sammelten. Heute ist in dem schmucken alten Forsthaus eine Forschungsstation des Nationalparks untergebracht. Der Großalmeyerschloss ist jetzt zum Greifen nah – nur noch ein paar Schritte durch den Wald, ein paar Steine erklommen und schon ist da

---

Hin & weg: Parkplatz Sagwassersäge; Wegmarkierung Arnika bis Großalmeyerschloss, dann Grünes Dreieck bzw. Goldsteig bis kurz vor dem Lusen, danach Rippenfarn bzw. Mischwald zurück zum Parkplatz.

Dauer & Strecke: 4,5 Std. mit Pausen, 12,5 km.

Beste Zeit: Herbst (aber auch Frühling & Sommer möglich).

Ausrüstung: Wasserfeste Schuhe, da die Wege jetzt matschig werden; Trinken und Essen.

Das Großalmeyerschloss ist ein echtes »Fake«-Schloss. Wegen der Steinformation hat der Gipfel den Namen bekommen. Von ihm aus sieht man den Lusen (rechts).

das Gipfelkreuz. Von den 1196 Metern lässt sich ein guter Blick auf den Lusen erhaschen.

Weiter geht's auf dem Goldsteig entlang Richtung Lusen (Eskapade 52). Links und rechts von dem immer schmaler werdenden Pfad tauchen rote Tupfer auf: Auch die Heidelbeersträucher leisten ihren Beitrag zum Herbst. Nach ein paar Kilometern überredet der Sagwasserbach einen, ihm zu folgen. Obwohl am Anfang noch klein, sprudelt er schon munter über Steine und totes Geäst hinweg. Sein Wasser hält Moose und Farne grün, sodass es hier noch ein wenig nach Sommer aussieht. Wie viele andere wurde auch dieser Bach früher zur Holztrift (Transport von Holzstämmen) genutzt. 1907 jedoch war Schluss damit. Heute wird der Bach stellenweise renaturiert, um Fischen und anderen Tieren ihre Heimat zurückzugeben.

Auf dem Rückweg mischt sich eine andere Baumart unter die Buchen und Fichten: der Bergahorn. Seine spitzen Blätter erstrahlen ebenfalls in Gelbtönen und lassen die Natur rundherum leuchten. Unter den Füßen raschelt und knistert das braune Laub der Vorjahre. Und immer wieder regnet es bunte Blätter, die der Wind ganz sanft von den Baumkronen zupft, um sie langsam auf den Winter vorzubereiten.

Bei Gewitter bieten Schutzhütten einen guten Unterschlupf. Ist es schön, chillt man besser am Bach.

> **FAZIT: MITTELSCHWERE TOUR, DIE ABWECHSLUNGSREICHE AUSBLICKE AUF DEN FARBENFROHEN HERBSTWALD GEWÄHRT.**

HEIMLICHE HELDEN

≥ ... Klosterfilz und Großer Filz ≤

#36

Am Rande des Nationalparks in der Gegend von Lusen und Rachel liegen zwei Filze, die zusammen das größte Hochmoorgebiet Deutschlands außerhalb der Alpen ergeben. Anlass genug für eine spannende Wanderung.

Schon allein das Wort »Moor« jagt manchmal Schauer über den Rücken. Sofort entstehen da Bilder im Kopf von Nebelschwaden und glucksenden, dunklen Schlammbecken gepaart mit dem Krächzen einer einsamen Krähe. Mag

sein, dass eine solche Vorstellung vor Hunderten von Jahren auf diesen Lebensraum zutraf. Heute jedoch ist nicht mehr viel von den halloweenartigen Flächen übrig. 95 Prozent der bayerischen Moore sind entwässert, obwohl früher drei Prozent der Landesfläche Bayerns von ihnen bedeckt war. Und bei Sonnenlicht betrachtet ist kein Grauen zu spüren, vielmehr lösen diese ruhigen Kleinode Faszination aus.

Am Rande des Bayerischen Nationalparks unterhalb des Rachels gibt es einen riesigen Filz (altbayerisches Wort für Moor), der eigentlich aus zwei Mooren besteht: dem Großen Filz und dem Klosterfilz. Ein Wanderweg führt ein Stückchen durch diesen raren Naturschatz hindurch, Holzbretter wurden eigens dafür untergelegt, aber mehr zum Schutz der Pflanzen als der Wanderer. Der Weg kann am Parkplatz Diensthütte begonnen werden, und wer den

Die Bäume scheinen in dem leuchtend grünen Gras ein Bad zu nehmen – und im Herbst reckt sich der schön betupfte Hut des Fliegenpilzes dem Wanderer entgegen. Im Hintergrund der kahle Lusen.

nicht ganz so spannenden Teil gleich zu Beginn hinter sich bringen will, läuft zuerst Richtung Guglöd durch Mischwälder hindurch, erhascht dann einen Blick auf den Lusen und geht weiter bis Siebenellen, wo ein kurzes Stück Teerstraße vor einem liegt. Doch dann geht es erneut in den Wald und ein seltsamer Anblick tut sich auf: Die Fichten baden regelrecht in leuchtend grünem Seegras.

Und dann ist da das Moor. So still und bescheiden ist es, dass ihm sein Heldentum gar nicht anzumerken ist. Moore sind nämlich wahre Klimaschützer. Sie speichern nicht nur eine Menge Wasser, sodass sie vor Hochwasser bewahren, sondern hamstern auch Kohlendioxid – auf einen Hektar bis zu 700 Tonnen! Der Große Filz wurde lange Zeit durch die Holztrift beschädigt. Heute jedoch werden die Wiesen um ihn herum nicht mehr

bewirtschaftet und auch der Wasserkanal fürs Triften wurde aufgegeben. Langsam kann sich der heimliche Held nun erholen und wieder zu seiner Höchstform auflaufen – und nebenbei selten gewordenen Pflanzen und Tieren eine Heimat bieten.

FAZIT: DIE TOUR GEWÄHRT SPANNENDE EINBLICKE IN DAS DASEIN DES MOORS, EINES LEBENSRAUMS, DER ZU VERSCHWINDEN DROHT.

Hin & weg: Parkplatz Diensthütte, erreichbar mit Auto und Igelbus; Symbol Kreuzotter.

Dauer & Strecke: 3,5 Std., 12 km.

Beste Zeit: Frühling–Herbst.

Ausrüstung: Feste Schuhe, Getränk und Essen.

EIN STÜCK HIMMEL

 ... Genusswanderung zu den Einödhöfen

#37

Ein wenig anstrengend ist diese Wanderung schon, sie wird aber ausgiebig belohnt: Wer sich zu den Einödhöfen aufmacht, bekommt drei Gelegenheiten, Pausen mit Genuss zu verbinden. Und die Aussicht gibt's gratis dazu.

#Einödhöfe #Brotzeitundmehr #tolleAussichten

Auf der Genusswanderung liegt einem der Bayerische Wald zu Füßen. Bei der Brotzeit auf einem der Einödhöfe können diese sich ruhig auch mal ausruhen.

Schon am Panorama-Park in Lam beginnt der Genuss. Eine kleine Anlage, gespickt mit Klettergerüsten, Kräuterbeeten und Bänken verführt sofort nach Beginn der Wanderung zu einem kurzen Stopp. Dazu tragen auch die Apfel- und Birnbäume bei, deren Obst perfekt für den kleinen Hunger ist, der sich vielleicht schon meldet. Und natürlich auch die Vor-

freude auf die Pausenstationen entfachen können, die verborgen auf dem gegenüberliegenden Bergrücken liegen.

Zu dem ersten der Einödhöfe – Zum Ödbauern (www.zum-oedbauern.de) – braucht man von Lam aus anderthalb bis zwei Stunden. Wer dort mittagessen will, sollte sich also um zehn

Uhr auf den Weg machen. Es geht erst runter ins Tal, den Blick fest auf eine bewaldete Hügellandschaft gerichtet, bis der Weiße Regen überquert ist und es danach hinein in den Wald und erneut bergauf geht. Da ist schon ein wenig Muskelkraft gefragt, aber das ist auch gut so. Schließlich sind die Belohnungen bei dieser Tour ja fest eingeplant.

Und die kommen – auf Brotzeitbrettern und Nachtischtellerchen. Wer beim Ödbauern eine Mittagspause einlegt, kann sich auf deftige Hausmannskost freuen. An goldenen Herbsttagen sitzt man draußen, ansonsten in der gemütlichen Wirtsstube.

Nur zehn Minuten entfernt liegt der nächste Hof. Beim Veitbauern (www.veitbauernhof.de) gibt es selbst gebackenen Kuchen, der auf jeden Fall probiert werden will. Vor allem die Terrasse überredet einen hier zum Verweilen: Wald und Wiesen und Tal und Hügel bestimmen das Panorama und an schönen Tagen ist der Himmel so blau und nah, wie er nur in diesen Höhenlagen sein kann.

Zum letzten Einödhof Waldeck geht es zuerst an der Pferdekoppel entlang und wieder in den Wald hinein (www.einoedhof-waldeck.de). Ein Bächlein gurgelt und die stillen Baumriesen wiegen sich sacht im sanften Herbstwind. Die halbe Stunde bis zur finalen Station tut gut – man läuft sich wieder etwas Platz im Bauch frei.

Jeden Freitag gibt es beim Hof Waldeck frisch gebackenes Holzofenbrot. Wer noch kann, sollte dieses unbedingt probieren und

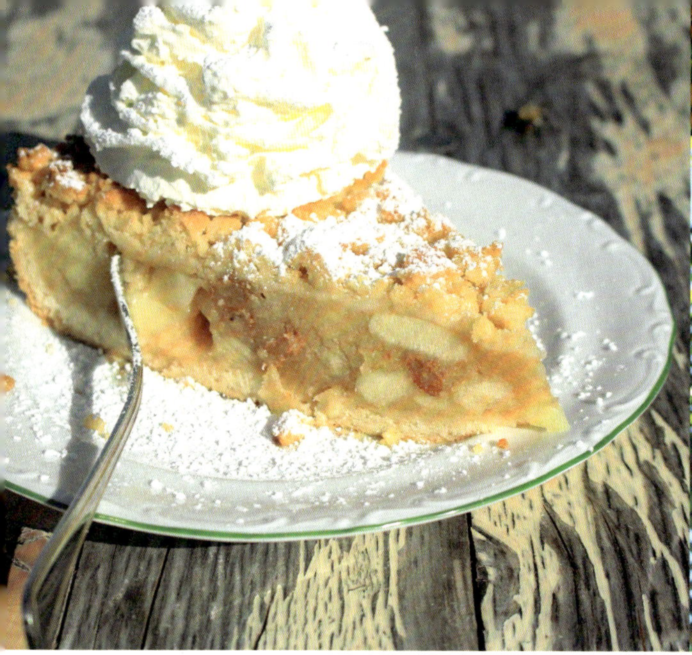

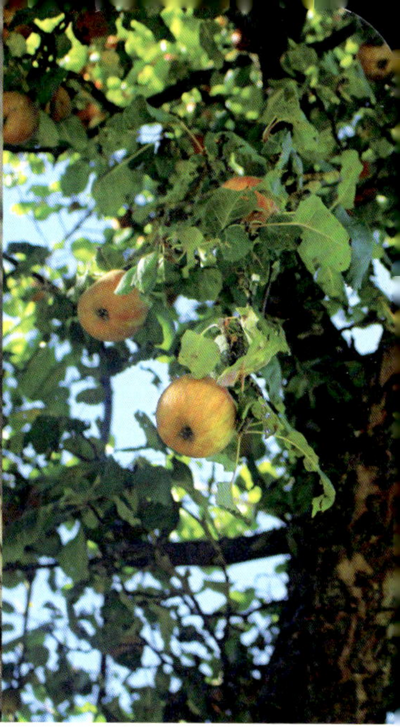

Etwas, das Pferden und Menschen schmeckt: Äpfel. Für den Vierbeiner am besten frisch vom Baum, für den Zweibeiner sehr gern auch in Form von Kuchen. Und dazu ein Haferl Kaffee!

dazu die Ruhe genießen, die diesen Einödhof umschließt, bevor es zurückgeht nach Lam.

FAZIT: WANDERN & SCHLEMMEN INMITTEN VON WALD, WIESEN UND GURGELNDEN BÄCHEN – WIE KÖNNTE MAN DEN TAG BESSER GENIEßEN?

Hin & weg: Bahnhof Lam, Start an der Touristeninfo; Markierung La 07.

Dauer & Strecke: Reine Gehzeit 2,5–3 Std., 11 km. Mit diversen Schmankerlpausen kann die Eskapade schon mal einen halben oder ganzen Tag dauern.

Beste Zeit: Herbst, wenn es nicht mehr so heiß ist. Nur am Wochenende haben alle drei Höfe geöffnet.

Ausrüstung: Feste Schuhe, Kleingeld fürs Essen.

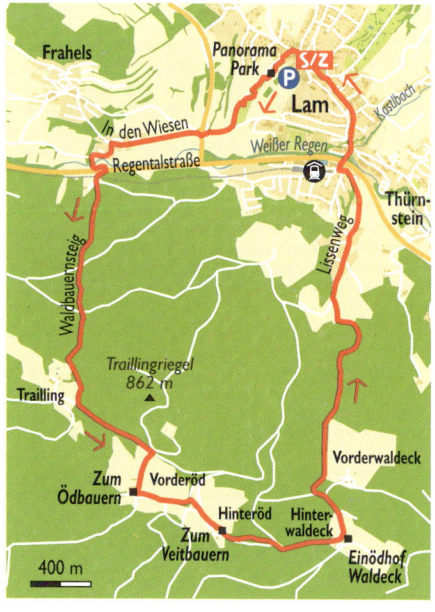

GEISTER-DÖRFER

 ... auf dem Haidel

#38

So viel Schnee gab es einst auf diesen Bergrücken, dass die Leute oft nur über die Dachfenster ihre Häuser verlassen konnten. Durch die einstigen Siedlungen führt heute ein Wanderweg, der nicht nur fantastische Ausblicke, sondern auch Einblicke in die Vergangenheit bietet.

#Schnee #Herzklopfen #Aussteigerfeeling #grenzenlos

Die Holzschindeln stehen der Pater-Rupert-Mayer-Kapelle gut. Sie besichtigt man am Ende der Wanderung. Erst mal geht es zu den Dörfern, dann auf den Haidel.

Wer in den warmen Monaten diese Tour läuft, kann nicht nachvollziehen, wieso die Menschen von hier weggegangen sind. Schön ruhig ist es oberhalb des Orts Grainet, wo der Weg Nr. 5 beginnt. Forstwege ziehen sich sanft über die Bergrücken, Bäume stehen dicht an dicht. Dann gelangt man auf eine Lichtung, von der aus sich sogar der Graineter Kessel bewundern lässt. Auf dieser ersten Lichtung stand einst der Ort Schwendreut, eines von zwei Mini-Dörfern, die für immer verschwunden sind. Das andere, Leopoldsreut, befindet sich etwas tiefer im Wald – genügend Wegweiser führen direkt dorthin.

So idyllisch es einem auf den Rodungsflächen von Schwendreut und Leopoldsreut auch erscheinen mag: Im Winter versanken die auf über 1000 Meter gelegenen Siedlungen oft in Schnee und waren monatelang vom Rest der

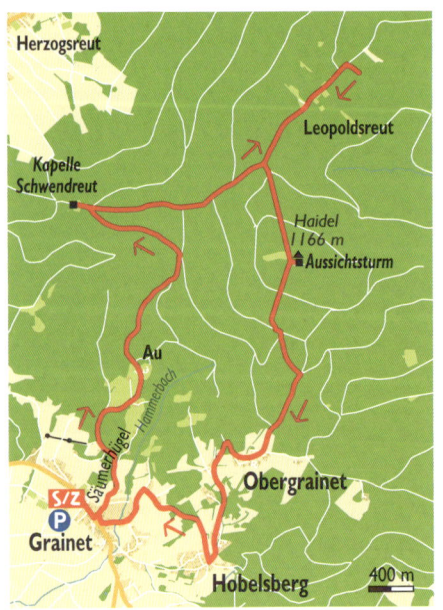

Welt abgeschnitten. »Drei Viertel Winter, ein Vierteljahr kalt«, lautet ein Spruch der damaligen Bewohner. Der Bau der Siedlungen wurde 1618 vom ehrgeizigen Fürstbischof Leopold I. genehmigt, der die Handelswege (»Säumerwege«) durch den Bayerischen Wald sichern und die Händler (»Säumer«) versorgt wissen wollte. In Schwendreut wurden sechs Häuser gebaut, Leopoldsreut bekam 24. Wegen der ungünstigen Lage reifte dort oben jedoch das Getreide nicht aus, sodass die Bewohner 1761 auf die Idee kamen, auf Kartoffeln umzusteigen – der erste Anbau der Knolle im Wolfsteiner Land.

Doch trotz der verbesserten Versorgungssituation blieben die Winter hart. Oftmals gab es so viel Schnee, dass die Bewohner mit ihren Skiern aus den Dachfenstern kletterten und

Der Aussichtsturm auf dem Haidel wurde schon mehr als einmal wiederaufgebaut. Die jetzige Konstruktion hält jedoch gut und ist ein beliebtes Ziel.

so die weiße Pracht hinunterfuhren. Ärzte hatten Schwierigkeiten, überhaupt zu ihnen durchzukommen. Und dauerte der Winter länger, konnte das furchtbare Hungersnöte nach sich ziehen.

Als 1932 eine junge Dorfbewohnerin vier Anwesen in Schwendreut anzündete, läutete dies das Ende der Bergsiedlungen ein. In Schwendreut zogen die zwei verbliebenen Familien 1956 bzw. 1957 weg, der letzte Bewohner von Leopoldsreut gab 1962 auf. Von den Dörfern ist heute nicht mehr viel übrig: Eine Kapelle markiert die Lage Schwendreuts, von Leopoldsreut sind ebenfalls noch die Kirche und das Schulhaus (das schon seit Jahren zu einem Gasthaus umgebaut wird) zu sehen.

Von Leopoldsreut aus geht's nun ein Stück zurück bis zur Abzweigung »Haidel Aussichts-

Ein kleiner Schleichweg führt weg von Leopoldsreut (oben). In Schwendreut steht heute nur noch die Kapelle (unten).

turm«, die einen direkt dorthin leitet. Es sind nur 159 Stufen zur Plattform, doch oben öffnet sich ein weiter Ausblick auf die Hügelketten des Bayerischen Walds, die sich in der Ferne im Blau des Himmels aufzulösen scheinen. Bei diesem Anblick stellt sich erneut die Frage, ob es wirklich so schlimm sein kann, hier, in dieser idyllischen Einöde, zu leben. Und zumindest kann man ja so lange davon träumen, bis einem ein vorwinterlicher Gruß in Form eines kräftigen Windstoßes durch die Haare fährt und den Gedanken mit sich davonträgt.

Hin & weg: Parken in Grainet; über Säumerhügel hoch nach Au (Teerstraße!), von dort bringt einen Wanderweg Nr. 5 (Achtung, dieses erste Schild ist arg verwittert) zu den verschwundenen Dörfern; über Haidel, Obergrainet und Hobelsberg zurück nach Grainet.

Dauer & Strecke: 5,5 Std., 16 km (mit Brotzeitpausen, Lesen der Infotafeln und Versinken im atemberaubenden Ausblick).

Beste Zeit: Das ganze Jahr über (im Winter kann's unter Umständen etwas ungemütlich werden, bei Föhn hingegen scheinen die Alpen vom Aussichtsturm aus zum Greifen nah).

Ausrüstung: Trinken und Essen, auf dem Weg keine Einkehrmöglichkeit (außer das Gasthaus in Leopoldsreut eröffnet tatsächlich irgendwann).

FAZIT: EINE INTERESSANTE REISE IN DIE VERGANGENHEIT GEPAART MIT WALDEIN-SAMKEIT UND STUMMEN ZEITZEUGEN IN FORM ALTER GEBÄUDE.

IM NAMEN DES DICHTERS

 … Wanderung zur Wolframslinde ‹

#39

Mit seinen kühleren und oftmals regnerischen Tagen ist der Herbst eine gute Jahreszeit für Geschichten. Solch eine findet, wer sich von Bad Kötzting aus zur ältesten Linde Deutschlands aufmacht.

Eine kleine Holzbrücke führt über den Steinbach, der einen bis zum Ende der Tour begleitet.

Dan Brown, Sebastian Fitzek, Charlotte Link: Die Bücher der Bestsellerautoren von heute stapeln sich in den Buchläden und es gibt kaum jemanden, der sie nicht kennt. Früher war das nicht anders, wobei »früher« hier Mittelalter meint. Da hießen die Autoren Hartmann von Aue oder Walther von der Vogelweide. Mag alles etwas angestaubt klingen, doch wer damals einen dieser illustren Namen trug, dem wurden Tür und (Burg-)Tor geöffnet.

So erging es auch Wolfram von Eschenbach, einem Dichter und Minnesänger, der im 12./13. Jahrhundert lebte und aus dem mittelfränkischen Städtchen Obereschenbach stammte, das später in Wolframs-Eschenbach umgetauft wurde. Auch bei Bad Kötzting ehrt man noch Jahrhunderte nach seinem Aufenthalt auf der nahe gelegenen, heute nicht mehr existierenden Burg Haidstein den berühmten Gast. Vom Marktplatz Bad Kötzting führt der Wanderweg Bk 5 zu diesem Denkmal: Es ist eine Linde, ein uralter Baum, eigentlich schon am Absterben, aber immer noch unglaublich beeindruckend. Mit ihren über 1000 Jahren ist sie die älteste Linde Deutschlands, der Stamm misst 16 Meter Umfang und hat einen Durchmesser von fünf Metern.

Wer dem Wanderweg durch Zeltendorf und Bachmeierholz hindurch folgt, den Haidstein (742 m) erklimmt, den Herbstfrost in der Haidsteiner Hütte abschüttelt und den Abstieg durch den verwunschenen Wald schafft, kommt beim Weiler Ried mit seinem Naturdenkmal heraus. Weil die Linde schon so gebrechlich ist, sieht man sie am besten nur an, ohne sie zu berühren oder sich gar anzulehnen – schließlich soll sie noch etwas länger erhalten bleiben.

An kalten Herbsttagen gibt es nichts Schöneres, als mitten im Wald eine Hütte zu finden – in der urigen Haidsteiner Hütte knistert sogar ein Kaminfeuer.

Angeblich also saß hier schon Wolfram von Eschenbach und dachte über die Abenteuer seiner Ritter und Helden nach. Grausig waren diese oftmals, mit dramatischen Kämpfen verbunden, und irgendwie geht auch von der Linde etwas Düsteres aus. Doch schon auf dem Rückweg zum Bahnhof verliert sich dieses Gefühl. Denn der Pfad führt durch das Tal des Steinbachs hindurch, dessen Wasser in sattgrüner Vegetation so munter rauscht, dass nicht länger an Tod und Verderben zu denken ist. Und schließlich ist da der schöne, sanft dahinfließende Weiße Regen, der einen fast bis zum Ende der Wanderung begleitet und den letzten Rest Herbsttrübsinn mit sich flussabwärts nimmt.

Hin & weg: Mit der Bahn geht's nach Bad Kötzting, die ersten Schritte bis zur Markierung führen über den Marktplatz, vorbei an der Veitskirche zum Zeltendorfer Weg, wo man den ersten Hinweis auf Bk 5 findet. Wer sich zum Tourende hin am Kurpark nach links wendet, anstatt der Beschilderung nach rechts Richtung Stadtmitte zu folgen, kommt schneller zum Bahnhof zurück.

Dauer & Strecke: 4 Std. (ohne Pause), 17 km.

Beste Zeit: Das ganze Jahr über – aber ein nebliger Herbsttag taucht alles in eine dramatische Stimmung.

Ausrüstung: Was zu trinken, Einkehrmöglichkeit in der Haidsteiner Hütte (www.haidstein.de).

FAZIT: DIE TAGESTOUR DURCH KLEINE WEILER UND VERWUNSCHENE TÄLER LÄSST NACHVOLLZIEHEN, WIESO SCHON EIN DICHTER DES MITTELALTERS HIER IDEEN FÜR SEINE EPEN SAMMELTE.

VERSTEI-NERTE SCHWEDEN

… einmal Brotjacklriegel und zurück

#40

»Brotjacklriegel« – ein seltsamer Name, auch für einen Berg. Und schwer auszusprechen noch dazu. Die Geschichte, die dahinter steckt, hat angeblich mit einem mutigen Holzhauer und einem grausamen Schweden zu tun. Grund genug, auf den Berg zu steigen und mehr darüber herauszufinden.

#Aussicht #sagenhafteGeschichte #Holzfigur #Baumriesen

Wer auf den mit Holzschindeln bedeckten Turm will, muss zuerst am Wirt vorbei. Rundherum verläuft der Weg über weiß gezuckerte Wiesen und durch stille Wälder.

Gleich vom Parkplatz bei Langfurth aus geht es steil bergauf. Der Hang, der sich hier als Hindernis präsentiert, wird im Winter von Skifahrern und Snowboardern genutzt. Aber bevor eine richtig dicke Schneeschicht das Gras zudeckt, ist der Aufstieg an dieser Stelle kein Problem (zumindest nicht von der Gefahrenseite her. Für die Waden vielleicht schon – aber keine Sorge, die fast senkrechte Wanderung dauert nicht lang, danach geht's bis zum Turm gemütlich dahin). Kaum ist der Hang erklommen, umhüllt einen auch schon der Wald. Ruhig ist es auf dem ersten höheren Berg (1011 m) im Bayerischen Wald, an den kälteren Tagen ist auf dem Brotjacklriegel weniger los als im Sommer. Der 25 Meter messende, mit Holzschindeln verkleidete Aussichtsturm schimmert schon bald durch

Am Brotjackl pflegt man Magerwiesen mit ihrer ganz eigenen Vegetation. Rechts zwei lustige Holzfiguren und kein normaler Steinhaufen: Das seien die Schweden, so die Legende ...

die kahlen Baumriesen hindurch. Wer hinauf möchte, drückt dem Wirt vom Turmstüberl (www.turmstueberl-brotjacklriegel.de) ein paar Münzen in die Hand, dann geht's die Holzstufen hoch bis zur Aussichtsplattform mit ihrem weiten 360-Grad-Blick.

Am Fuße des Turms steht ein aus Holz geschnitzter Mann mit einem Laib Brot in der Hand: der »Brot-Jackl«, angeblicher Namensgeber des Brotjacklriegels. Der Legende nach lebte einst der Holzhauer Jackl (Jakob) auf dem Berg. Er stieg in den Brothandel ein, weil ihm die Holzarbeit irgendwann zu schwerfiel. Als im Dreißigjährigen Krieg die Schweden über die Region herfielen, hatte er immer genügend Brot in der Tasche, um die Bevölkerung heimlich damit zu versorgen. Die Schweden kamen ihm auf die Schliche und wollten, dass er sein Geheimnis preis-

gab. Der Holzhauer jedoch blieb stumm, also warfen ihn die Soldaten in seine Höhle (wo heute der Aussichtsturm steht) und rollten Steine davor. Pech für sie, denn sie traf die Strafe Gottes: Allesamt wurden sie in Steine

Hin & weg: Am besten mit dem Auto nach Langfurth oder Schöfweg. Der Turm auf weißem Untergrund markiert die Aufstiegswege zum Gipfel, der Turm auf rotem Untergrund zeigt den Rundweg an.

Dauer & Strecke: 3–3,5 Std. inkl. Pausen, 10,5 km; hier beschriebener Rundweg: ca. 4 Std., 11,5 km.

Beste Zeit: Eigentlich immer; April–Mitte November ist jedoch etwas besser geeignet, weil keine Skisaison ist und Aussichtsturm/Turmstüberl geöffnet haben. Im Winter aufpassen wegen der Wintersportler! Dann besser einen anderen Aufstieg wählen, z.B. den von Mitterdorf/Schöfweg aus.

Ausrüstung: Feste Schuhe, vorsichtshalber Verpflegung, falls Turmstüberl geschlossen ist, und etwas Kleingeld für den Turmaufstieg.

verwandelt – und die finden sich noch über-all auf dem Berg! Eine nicht so spannende, aber wohl zutreffendere Erklärung lautet: Bei der Aufnahme ins Urkataster wurde durch die dialektale Aussprache der Name falsch verstanden. Aus dem »broada Jagariegel« – »breiter Jägerriegel« (wobei »Riegel« die baye-rische Bezeichnung für »Berg« ist) – wurde im Hochdeutschen der Brotjacklriegel.

Vom Aussichtsturm aus gibt es verschiedene Möglichkeiten, weiterzuwandern. Der Weg hi-nab nach Daxstein ist abenteuerlich und sollte nicht genommen werden, wenn schon Schnee liegt. Dann lieber der Beschilderung 28a fol-gen, die über Forstwege hinab Richtung Dax-stein/Schöfweg führt. Sobald das Turmsym-bol auf rotem Untergrund (Rundwanderweg) auftaucht, folgt man ihm einfach zurück bis dorthin, von wo man losgelaufen ist.

FAZIT: SCHÖNE RUNDWANDERUNG FÜR JEDE JAHRESZEIT – AUSBLICKE UND LE-GENDEN INKLUSIVE!

LICHTER-MEER IM WALD

>... Waldwipfelweg bei Maibrunn <

#41

Auf mehr als 30 Metern dem Winter entgegengehen – das kann, wer den Waldwipfelweg bei Maibrunn besucht. Das ganze Jahr über hat der luftige Pfad geöffnet. Besonders schön anzusehen und auszuprobieren ist er jedoch, wenn es auf Weihnachten zugeht und Lichterketten das Areal zum Leuchten bringen.

#Advent #Lagerfeuer #Wipfelstürmer #Glühwein

Im Winter ein Ereignis: Auf dem Weihnachtsmarkt am Baumwipfelweg treffen sich sowohl Einheimische als auch Besucher. Wie immer heiß begehrt: die Stände mit Glühwein.

Durch den in der Abenddämmerung düster wirkenden Wald blinzeln einem von Weitem die ersten Lichter zu: Ewig lange Lichterketten umschlingen Gebäude, Geländer, Buden und Bäume, dazwischen lassen sich kleine Feuerstellen ausmachen, um die sich Wärmehungrige scharen.

Aber auch ohne den Weihnachtsmarkt ist der Waldwipfelweg bei Maibrunn den Eintritt wert. Der aus Holzbrettern gebaute Pfad schlängelt sich 30 Meter über dem Erdboden dahin, er eröffnet Wagemutigen den Blick auf Baumspitzen, auf den unten liegenden Gäuboden und den weiten Himmel darüber. Es gibt Infotafeln zu Waldbewohnern und eine sich in 25 Metern Höhe befindliche Hängebrücke. Wer zurück auf dem Boden angekommen ist, kann den Naturlehrpfad entlanglaufen, der einem verrät, wie sich kämpfende Wildschweine anhören und welche Spuren die Tiere im Schnee hinterlassen. Und auch die Stationen der »Optischen Täuschung« machen Spaß, verwirren und verblüffen, wenn sich 3D-Bilder ausdehnen und Spiegel nicht das tun, was sie eigentlich sollten.

Im Winter bekommt das Gelände einen ganz besonderen Anstrich: Die dunkle Zeit, die sich nun überall und noch schneller im Wald bemerkbar macht, wirkt durch die Lichterketten und -sterne plötzlich fast schon heimelig. Klamm gewordenen Fingern gibt man Becher mit dampfendem Glühwein und Punsch, damit sie aus der Starre erwachen, und gegen kalte Nasenspitzen helfen die Feuerstellen, die auf dem Weg verteilt knisternd die Holzscheite verschlingen. Bei der Wärme, die

Lichterketten verhindern, dass jemand verloren geht – und schaffen vorweihnachtliche Stimmung. Das »Haus am Kopf« (unten rechts) schert sich nicht um physikalische Gesetze.

von ihnen ausstrahlt, lässt es sich schon eine ganze Weile in der schneidenden Winterluft aushalten …

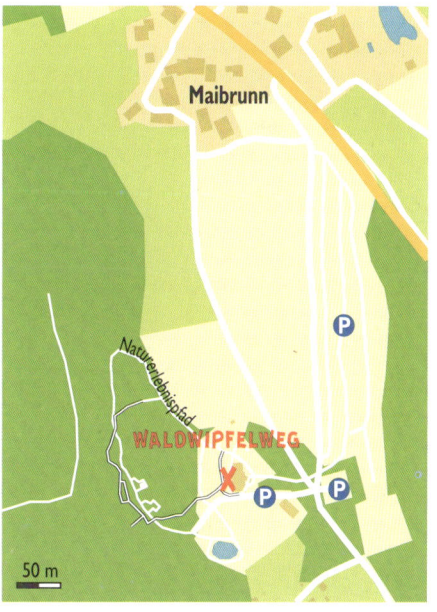

FAZIT: EIN AUSFLUG FÜR GROß UND KLEIN – ZU JEDER JAHRESZEIT UND IM ADVENT MIT ATMOSPHÄRISCHEM WEIHNACHTSMARKT.

Hin & weg: Parkplatz beim Waldwipfelweg.

Dauer & Strecke: So lange man möchte.

Beste Zeit: Eigentlich immer, besonders schön in der Adventszeit vor Weihnachten. Mehr unter www.waldwipfelweg.de

Ausrüstung: Kleingeld für den Eintritt, Einkehrmöglichkeit vorhanden.

3. KAPITEL
MINIURLAUB

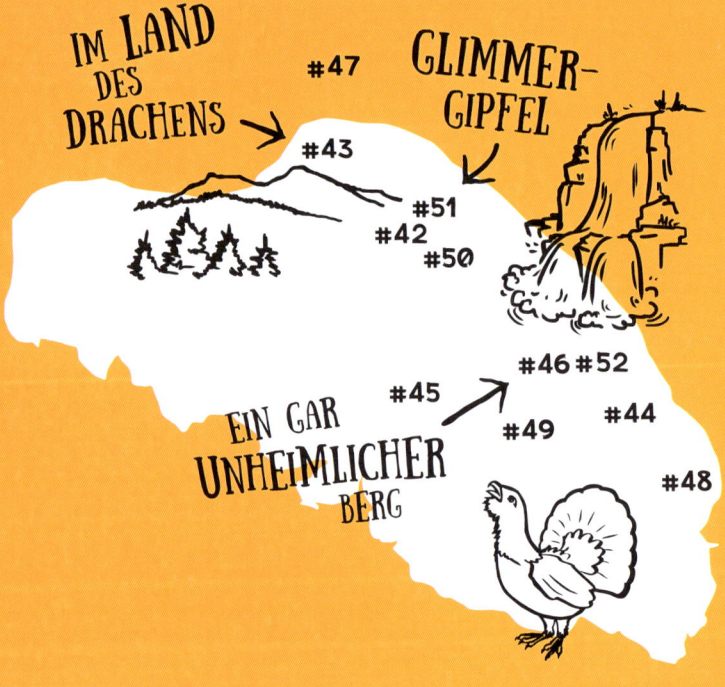

IM LAND DES DRACHENS

#47

GLIMMER-GIPFEL

#43

#51

#42

#50

#46 #52

#45

EIN GAR UNHEIMLICHER BERG

#49

#44

#48

Ferien für ein Wochenende

Den Gipfeln folgen, die Sonne am Bergsee aufsteigen sehen, Pilgern an der Grenze - an einem Wochenende lassen sich komplett neue Welten entdecken.

36H

ACHT MAL TAUSEND

>⟩ ... Gipfeljagd von Arrach bis zum Großen Arber ⟨⟨

#42

Zwei Tage lang fast keine Menschen. Zwei Tage kein Motorengeknatter. Nur Vogelgesang, Käfergebrumm und der Wind, der durch die Bäume streicht. Und das eigene Keuchen, das einen von Gipfel zu Gipfel begleitet.

Mühlriegel (rechts) und Ödriegel (links) sind beide bereits über 1000 Meter hoch. Ihre Gipfel sind felsig und zerklüf-tet, ganz im Gegensatz zu dem kahlen Kopf des Großen Arber (rechts oben).

Arrach, Bahnhof. Hier entlässt einen der Zug. Wer viel Zeit und Wanderlust mitbringt, nimmt nicht den Bus zum Parkplatz Eck, sondern den Weg AR 3 (8 Kilometer). Er führt durch den Wald und an Bachläufen entlang, bis ihn der AR 1 Richtung Eck ablöst. Es geht weit nach oben – fast schon zum ersten Tausen-der hoch, zum Mühlriegel! Dann jedoch sackt der Pfad leicht ab, macht eine Schleife und endet beim Gasthof Eck, wo der erste Durst gelöscht und die Wasserflasche aufgefüllt werden kann (www.berggasthof-eck.de).

Von nun an liegt einem der Goldsteig zu Fü-ßen. Bis zum Mühlriegel (1080 Meter) führt der Weg steil hinauf, von oben aus sieht man weit ins Zellertal. Der erste Gipfel ist geschafft! Und der zweite lässt nicht lange auf sich warten: Ein Waldpfad verbindet den Mühl- mit dem Ödriegel (1156 Meter), der mit

seinen drei Felsen etwas zerfurcht aussieht. Und kurz darauf taucht der Schwarzeck auf. Er ist bereits 1236 Meter hoch und verlangt dem Wanderer für seinen grandiosen Ausblick eine schweißtreibende Kletterpartie ab.

Wer eine Übernachtung eingeplant hat, sollte nach dem Reischflecksattel (1126 Meter, kein Ausblick) zur Berghütte Schareben absteigen. 1,5 Kilometer trennen einen vom weichen Bett. Ansonsten geht es weiter auf den Heugstatt (1262 Meter). Hier ist Grün die tonangebende Farbe: Große und kleine Büsche wachsen links und rechts des Pfads, junge Fichten und Eber-eschen wagen es, Wurzeln zu schlagen. Dass das auch schiefgehen kann, lässt sich vom Enzian (1285 m) aus sehen. Dort fegte Orkan Kyrill 2007 sämtliche Bäume weg. Noch heute stehen und liegen tote Stämme herum, aber das ist gut so. Viele Pilz- und Tierarten könn-ten ohne das Totholz nicht überleben. Und durch den baumfreien Rundumblick zeigt sich auch schon der Große Arber.

Doch davor ist da noch der Kleine Arber (1384 Meter), der ebenfalls schöne Ausbli-cke bietet, aber vor allem einen Vorzug ge-genüber seinem großen Bruder hat: Ruhe. Denn auf dem Großen Arber (1456 Meter), dem nächsten und letzten Gipfel der Tour, herrscht jeden Tag Trubel – begünstigt durch eine Gondel und eine große Berghütte zum Einkehren. Trotzdem sollte man sich den Großen Arber »antun« mit seiner markanten Felsformation, dem Richard-Wagner-Kopf, und der Radarstation, die im Kalten Krieg den östlichen Luftraum überwachte. Der Kleine Arbersee (siehe Eskapade 50) ist ebenfalls zu sehen. Er und der Große Arbersee sind Glet-scherseen und bereits über 10 000 Jahre alt.

Nach einer kürzeren oder längeren Rast steigt man ab zum Großen Arbersee und nimmt dort den Bus nach Bodenmais oder Lam, wo es Zuganbindungen gibt. Oder sucht sich ein ruhiges Plätzchen und genießt noch einmal die Berglandschaft.

FAZIT: SEHR GUT AUSGESCHILDERTE ZWEI-TAGES-WANDERUNG MIT VIEL GIPFELGLÜCK. TRITTSICHERHEIT UND GUTE KONDITION ERFORDERLICH.

Hin & weg: Bahnhof Arrach bis zum Großen Arber. Vom Großen Arbersee Bus nach Bodenmais oder Lam (Fahrplan beachten: www.bayerwald-ticket.com); Wegmarkierung Goldsteig (gelb geschwungener Weg).

Dauer & Strecke: Von Arrach bis Hütte Schareben ca. 6 Std., 18,5 km; von Hütte Schareben bis Großer Arber ca. 4,5 Std., 10 km.

Beste Zeit: Mai–September.

Ausrüstung: Feste Schuhe, Regenjacke, Sonnen-creme, ausreichend zu trinken.

Wenn es Nacht wird: Einzige Übernachtungsmög-lichkeit in der Nähe des Goldsteigs ist die Berghütte Schareben (www.berghuette-schareben.de).

IM LAND DES DRACHENS

 ... rund um Furth im Wald

#43

Einen Monat lang spielt Furth im Wald verrückt. Kein Wunder, da läuft auch ein riesiger Drache über das mittelalterliche Kopfsteinpflaster. Aber vor und nach dem Drachenstich-Festspiel im August geht es hier beschaulicher zu und ein Wanderparadies wartet auf die Besucher.

#Drachenfest #Grenzgebiet #Dreiwappen #Brombeernaschen

Während in den Wäldern 300 Jahre alte Wappen von vergangenen Machtkämpfen erzählen, ist die Stadt Furth ganz Drache: Im August gibt es die Festspiele, die restlichen Sonnentage kann man am Drachensee liegen.

Nicht nur wandern kann man in und um Furth im Wald. Felsengänge gibt es und einen Wildgarten mit Schauergestalten und riesigen Baumhäusern. Und vor den Toren der Stadt lauert der Drachensee, ein Stausee, an dessen einem Ende Baden erlaubt ist, während die rechte Spitze unter Naturschutz steht.

Auch Furth im Wald selbst muss sich nicht verstecken mit seinem Kopfsteinpflaster, den engen und weiten Gassen und historischen Häusern. Auf dem Stadtplatz findet alljährlich das über 500 Jahre alte (und damit Deutschlands ältestes) Volksschauspiel »Der Drachenstich« statt, bei dem ein Ritter die Bewohner von einem schauerlichen Lindwurm erlöst.

Rund um Furth erstreckt sich ein großes Wandergebiet. Die Halbtagestour »Dreiwappen« startet vom Parkplatz 6 beim Waldlehrpfad. Immer der Markierung Fu 9 folgen, in den Wald hinein und am Grabitzer Bach entlang.

Könnte gut sein, dass es zum Remseck hoch etwas länger dauert – denn am Wegesrand wachsen viele Brombeeren, die zu der einen oder anderen Naschpause verleiten.

Dann, auf einer Lichtung, nimmt einem eine riesige Eiche schier den Atem. Von dort geht es auf einem abenteuerlich schmalen Pfad hoch zum Dachsriegel und weiter auf dem Goldsteig zum Remseck. 902 Meter erhebt sich dieser Gipfel über die Further Senke, wo-

bei sich im Hintergrund die Doppelspitze des Ossers und der Burgstall zeigen.

Ab nun führt einen der Gibachtweg. Mal passiert man junge, dünne, dann wieder dicke, zerfurchte Bäume, wobei sich zwischendrin

Geschicklichkeit ist hier gefragt ... Ansonsten gibt es auf dem bayerisch-tschechischen Grenzweg keine großen Herausforderungen, dafür umso schönere Aussichten.

Brombeeren emporrecken und gepflückt werden wollen.

Mit lilablau verfärbten Beerenhänden geht es weiter bis zum Kreuzfelsen, auf dessen zerklüfteter Spitze sich gut klettern lässt. Danach führt der Gibachtrundweg zu den Dreiwappen, die 1766 in den Felsen gemeißelt wurden. Die Stelle markierte einst die Landesgrenze zwischen Böhmen, der Churpfalz Bayern und der Oberpfalz.

Ab hier wandelt man auf dem bayerisch-tschechischen Grenzweg Fu 43, dessen Ausblicke einen öfter zum Stehenbleiben verleiten. Weit schweift der Blick ins tschechische Gebiet, wo sich ein bewaldeter Hügel vor den nächsten schiebt. Der Pfad verläuft auf einer schmalen Mauer und die Abkürzung zurück nach Furth im Wald kommt viel zu früh. Ein Feldweg führt unter Skiliften hindurch und endet beim Schloss Voithenberg, wo in der Schlosswirtschaft eine verdiente Pause ein-

gelegt werden kann. Nach der unerwartet schönen Gebäudeansammlung heißt es kurz: Vorsicht, fliegende Bälle! Denn das Schloss ist von einem Golfplatz umgeben.

Über die Himmelsleiter geht's nun wieder bergab. Den letzten Rest zurück zum Parkplatz übernimmt erneut der Wanderweg Fu 9. Wer sich nach dieser mittelschweren Tour entspannen will, kann das am anderen Ende von Furth im Wald tun – und zwar in der Horizontalen am Drachensee.

Hin & weg: Bahnhof Furth im Wald; ein Auto ist aber auch nicht schlecht, dann lassen sich mehrere Ausflüge (zum Beispiel Wanderung und Drachensee) leichter miteinander verbinden; Dreiwappenweg.

Dauer & Strecke: 5 Std. (mit Pausen), 13 km.

Beste Zeit: Sommer. Öffnungszeiten und mehr unter www.wildgarten-furth.de und www.drachenstich.de

Ausrüstung: Feste Schuhe, Getränk, evtl. Badesachen. Verpflegung, falls man vor der Schlosswirtschaft schon vom Hunger übermannt wird. Am Drachensee gibt es keinen Kiosk.

Wenn es Nacht wird: Gasthof Postgarten in Furth (www.gasthof-postgarten.de).

> **FAZIT: EIN WOCHENENDE MIT GRENZENLOSEN WANDERMÖGLICHKEITEN, KÜHLEN FELSENGÄNGEN UND EINEM BLAUEN SEE. WAS WILL MAN MEHR?**

GRENZ-
PILGERN

≥ ... unterwegs rund um Finsterau ≤

#44

Wilde Bergbäche, eifrige Borkenkäfer und eine endlose Hügellandschaft. Rund um Finsterau lauern mehr Sehenswürdigkeiten, als man an einem Tag erkunden kann. Gut, dass es in dem kleinen Dorf Übernachtungsmöglichkeiten gibt.

Ein paar Häuser mitten im Nirgendwo auf 1000 Meter Höhe, hineingestreut in eine Landschaft, die düster ist, voller dunkler Wälder, grimmiger Gestalten und gruseliger Geschichten. So könnte man sich das Dorf vorstellen, das den recht irreführenden Namen Finsterau trägt. Dabei ist es dort, nur ein, zwei Schweißtropfen von Tschechien entfernt, richtig grün und hell und wunderschön.

In den Wäldern rund um Finsterau befinden sich so verlockende Ziele wie die Reschbachklause und der Siebensteinkopf. Ein berauschender Weg führt zu den beiden, das Symbol: der Baummarder. Dieser pelzige Baumliebhaber steht in Bayern auf der Roten Liste. Wie viele es von den Einzelgängern noch gibt, ist nicht bekannt.

Doch zurück zum Weg. Der Reschbach ist wildromantisch, rauscht über Steine und blitzt immer wieder zwischen den jungen Bäumen auf. An der Reschbachklause (ein künstlicher Stausee, der früher zur Holztrift gebraucht wurde) hat rundherum der Borkenkäfer ein

Auf der tschechischen Seite: Kälberweide und der ehemalige Grenzposten Bučina, der Gänsehaut auslöst. An der Hammerklause (rechts) auf deutschem Gebiet kommt man am Ende der Tour vorbei.

Festmahl begangen und die Fichten in Zahnstocher verwandelt. Aber dazwischen schießen schon junge Bäume empor, eifrig nutzen sie ihre Wachstumschance und schließen so langsam die Wunde, die durch die Käfer entstanden ist.

Vom dunklen, glitzernden See aus ist es nicht mehr weit zum Siebensteinkopf (1263 m), der hoch genug ist, um über die Grenze gucken zu können. Und da geht es auch hin, zur Landesgrenze. Mit vielen Schildern ist diese bestückt, sodass sie auch ja niemand übersieht. Einst befand sich genau hier hinter dem Teufelsbach der Eiserne Vorhang. Wer die paar Schritte bis zu dem ehemaligen Grenzort Bučina läuft, kann den Nachbau eines Grenzpostens sehen, der von meterhohem Stacheldraht umgeben ist – ein Anblick, der Gänsehaut verursacht.

Es geht zurück zum Teufelsbach, wo das Baummardersymbol wieder die Führung übernimmt. Auf der tschechischen Seite tauchen Wüstungen auf und Wildblumenwiesen, auf denen Kühe gemütlich vor sich hin grasen.

Schließlich lotst einen zunächst der Via-Nova-Pilgerweg, dann die weiß-rot-weiße Markierung weiter. Auf diesem Grenzpilgerweg geht es durch wilde Wälder und an Wiesen entlang, die ein wenig an Schottland erinnern, da sie des Öfteren von niedrigen Steinmauern durchzogen sind. Und immer wieder schimmert da ein Schild mit dem Schriftzug »Landesgrenze« und erinnert daran, dass man gerade zwischen zwei Welten wandelt.

Kurz nach Žd'árek (Scheureck) führt der Weg wieder hinüber nach Bayern. Der schöne Teil ist nun leider fast vorbei, eine breite Forststraße frisst sich durch den Fichtenwald. Doch dann kommt die Hammerklause samt Hütte und Brücke und gibt den Augen noch mal was zu staunen, bevor es stetig bergauf zurück nach Finsterau geht.

Tipp: Der Weg lässt sich an einem Tag bewältigen, kann für ungeübte Wanderer aber sehr anstrengend sein. Besser, man teilt ihn auf: Am Ankunftstag können Reschbachklause und Siebensteinkopf erwandert werden, am zweiten Tag ab der Teufelsklause (der Igelbus bringt einen von Finsterau direkt dorthin) der Via-Nova-Pilgerweg.

> **FAZIT: WUNDERSCHÖNE WANDERWEGE IM GRENZGEBIET ZU TSCHECHIEN MACHEN FINSTERAU UND UMGEBUNG ZU EINEM PERFEKTEN WOCHENENDTRIP.**

Hin & weg: Wanderparkplatz Wistlberg, Bushaltestelle Igelbus.

Dauer & Strecke: Finsterau-Reschbachklause-Siebensteinkopf-Finsterau 3 Std., ca. 11 km; Teufelsklause – Via-Nova-Pilgerweg – Finsterau 5 Std., ca. 17 km.

Beste Zeit: Sommer!

Ausrüstung: Wanderschuhe, Verpflegung, Ausweis (evtl. Kontrollen!).

Wenn es Nacht wird: In Finsterau gibt es ein Feriendorf (www.feriendorf-finsterau.de) mit Campingmöglichkeit.

NUR NOCH EIN RIEGEL!

 ... Wanderungen rund ums Landshuter Haus

#45

Ein verlassenes Dorf, ein Zauberwald und Riegel, so weit das Auge reicht. Vom Landshuter Haus aus lassen sich viele gute, leicht zu meisternde Touren machen. Und besonders schön sind die Gipfelaussichten von den Riegeln und dem Geißkopf.

#Zauberwald #verlassenesDorf #Einsiedlerkapelle #Naturpur

Auf der Sonnenterrasse vom Landshuter Haus sind kleine Pausen besonders schön, aber auch übernachten kann man in der Hütte.

Der Weg Nr. 12 ist ein treuer Begleiter. An jeder Wegkreuzung, an jedem zweiten Baum gibt er die Richtung an. Dafür fordert er aber einen Wegzoll in Form von ein, zwei, tausend Schweißtropfen. Doch der Anstieg dauert nicht lang, die ersten drei Kilometer vom Wanderparkplatz bei Bischofsmais sind locker zu schaffen. Auch mit Übernachtungsgepäck. Liegt der Wald mit seinem Wurzelpfad erst hinter einem, dauert es nicht mehr lange, bis es heißt: Landshuter Haus in Sicht!

Die Berghütte mit Einkehr- und Übernachtungsmöglichkeit – ein Neubau, da das Originalgebäude 1965 in Flammen aufging – ist das einzige Überbleibsel der ehemaligen Ortschaft Oberbreitenau. Neun Häuser stan-

den einst auf der Wiese, von 1585 bis 1956 kämpften die Bewohner um den Erhalt ihres Heimatdorfs. Die ersten Bauern leisteten Pionierarbeit, fällten Bäume, bestellten Äcker und hüteten Kühe. Doch auf 1000 Metern Höhe wuchs nicht allzu viel, die Siedler kratzten stets am Existenzminimum. Letztendlich kam es, wie es kommen musste: Nach dem langen Kampf gegen die Natur warf 1956 der letzte Bewohner das Handtuch. Die Häuser verfielen und lange Zeit wuchs Gras über die Ruinen. Vor einigen Jahren jedoch wurden Teile der Wüstung freigelegt, sodass nun Fundamente der einstigen Häuser zu sehen sind. Ein seltsamer Anblick inmitten all dieser blühenden, lebendigen, fröhlichen Natur. Was diese Menschen einst alles durchmachen mussten,

Etwas anstrengend ist der Aufstieg schon, aber gleich hinterm Landshuter Haus liegen sie dann auch schon vor einem: die Mauerreste des Dorfes Oberbreitenau. Einst standen hier neun Bauernhäuser auf der Wiese.

ist heute schwer vorstellbar. Vom Landshuter Haus aus führt ein Weg (Rote 4) direkt zum

Geißkopf. Dort kann schmausen, wer will, oder die BMX-Strecke ausprobieren, wer Lust und ein BMX-Bike hat. Im Winter tummeln sich hier Skifahrer und Schneeschuhbegeisterte, im Sommer teilt man sich den Weg nur ab und zu mit Fahrradfahrern. Ein Stückchen weiter liegt da noch der Einödriegel, von wo aus man das Tal auf sich wirken lassen kann, bevor der Weg zurück zum Landshuter Haus führt.

Von dort aus bringt einen die Rote 3 auf einem manchmal sanften, manchmal launisch wurzeligen Waldweg zum Breitenauer- und Dreitannenriegel. Beide Gipfel sind gute Rast- und Ausguckpunkte. Nur ganz leise dringt das Rauschen von Autos ans Ohr. Hier, im

Im ewigen Kreislauf der Natur findet auch die abgestorbene Fichte noch Verwendung: Ein Specht hat sich an ihr gütlich getan und nach Insekten gepickt. Rechts die Samenstände der Lupine, bereit, im Frühjahr neu zu keimen.

Deggendorfer Vorwald, scheint der Rest der Menschheit ewig weit weg zu sein.

Wer vom Dreitannenriegel hinab dem Goldsteig und dann der Grünen 11 folgt, kommt kurz vorm Abstieg zurück zum Wanderparkplatz an einer mit Holzschindeln verkleideten Kapelle vorbei. Sie trägt den Namen des Einsiedlers Degenhardt, der einst in diesen Wäldern gehaust hat. Ob er vor der Menschheit floh oder aus freiwilligen Stücken hierherkam, weiß man nicht. Aber vielleicht waren es auch die Riegel und der Geißkopf, die es ihm angetan hatten. Bei all ihrer Wildheit und der Stille und den immergrünen Bäumen rundherum wäre dieser Beweggrund auf jeden Fall nachvollziehbar.

FAZIT: NATUR, STILLE, AUSBLICKE, ÜBERNACHTUNGS- UND EINKEHRMÖGLICHKEITEN. EINZIGER MINUSPUNKT: ZWEI TAGE SIND VIEL ZU WENIG.

Hin & weg: Wanderparkplatz Wastlsäg bei Bischofsmais: Hier stellt man das Auto ab.

Dauer & Strecke: Gesamte Tour 6 Std., 20 km.

Beste Zeit: Sommer.

Ausrüstung: Feste Schuhe, warme Kleider, Regenjacke. Einkehrmöglichkeiten Landshuter Haus, Berggasthaus Geißkopfhütte (www.geisskopfhuette.de).

Wenn es Nacht wird: Landshuter Haus (www.landshuter-haus.de).

EIN GAR UNHEIM-LICHER BERG

 ⤗ … Wanderung auf den Großen Rachel ⤖

 **#46**

Eine Kapelle für verirrte Wanderer, ein See, der als Eingang zur Unterwelt gilt, ein Gipfel, der jedem Sturm und Wetter trotzt. Die Wanderung auf den Großen Rachel ist, als tauche man in ein Märchen ein, von dem man nicht will, dass es je endet.

ausgesetzt, dass man versteht, warum die Kelten diesen Berg »racia« nannten: »rau«.

Mit 1453 Metern ist der Rachel der höchste Berg im Nationalpark Bayerischer Wald (der Große Arber hat zwar ein paar Meter mehr, gehört aber nicht zum Schutzgebiet). Durch einen dichten, geheimnisvollen Wald geht es stetig bergauf, immer dem Bärlappsymbol nach. Im ersten Abschnitt berauscht einen die Flanitz, dann hüllt der Fichtenwald in Stille. Wird dieser lückenhafter, sollte man ruhig innehalten und sich umdrehen: Der Blick ins Tal erinnert daran, wieso es sich lohnt, auf einen Berg zu steigen.

Ist die Berghütte Waldschmidthaus erreicht, sind es nur noch wenige Meter bis zum Gipfel. Zerklüftet und rau ragt er empor und gibt dem glücklichen Wanderer die Möglichkeit, unendlich weit ins Land zu schauen.

Herrlich weit geht der Blick, ganz unverstellt von jedweden Häusern oder sonstigen menschlichen Zeugnissen. So still ist es hier oben, dass das lauteste Geräusch das Brummen der Schwebefliegen ist. Dem Wind so

Wer sich sattgeguckt hat, macht sich auf in Richtung Rachelsee. Von der Rachelkapelle eröffnet sich ein fantastischer Blick auf das dunkle Wasserauge und die zerklüfteten Hänge und Moränen rundherum. Der Gletschersee galt einst als Eingang zur Unterwelt, gar fürchterliche Gestalten sollen hier gehaust und auf Wanderer gelauert haben. Der See ist heute nur noch 13 Meter tief. Laub und Tot-

Hin & weg: Bahnhof Klingenbrunn.

Dauer & Strecke: Weg über Föhraufilz und Jägerfleck 8 Std., 25 km.

Beste Zeit: Sommer, Herbst. Mehr zur Rachelhütte unter www.bayerischer-wald.de

Ausrüstung: Feste Schuhe, Trinken und Essen.

Wenn es Nacht wird: Campingplatz am Nationalpark in Klingenbrunn (www.camping-nationalpark.de) 4 km vom Bahnhof Klingenbrunn entfernt.

Erst geht es entlang des Baches Flanitz. Dann, nach dem Gipfel, taucht es vor einem auf: das dunkle Wasserauge des Rachelsees. Um ihn ranken sich einige Legenden. Eine besagt, er sei die Pforte zur Unterwelt.

holz – alles verwandelt sich nach und nach in Schlick und Schlamm und irgendwann wird dort gar kein Wasser mehr sein, sondern neues Land.

Im Schutz von Fichten und Buchen geht es weiter zur Racheldiensthütte. Das mit Holzschindeln verkleidete Haus gibt es schon ewig und wartet auf müde Wanderer. Wer nicht mehr weitergehen möchte, sollte nun denselben Weg zurück zum Bahnhof Klingenbrunn nehmen.

Wer jedoch noch fit ist, macht sich auf zum Föhraufilz, einem Niedermoor inmitten des Kernschutzgebiets. Der Weg dorthin führt an einem fröhlich plätschernden Bach entlang, im Filz selbst staut sich die Hitze – ein seltsamer, aber schöner Pfad ist das, wo einst Ochsen durchgetrieben wurden.

Immer weiter geht es durch den Wald, der nie zu enden scheint. Schließlich jedoch entkommt man ihm, trifft auf den Parkplatz Jägerfleck, läuft um die Häuser von Neuhütte herum und dann an der Schwarzach entlang, bevor einen ein Holzsteg nach links führt und letzte spannende Einblicke in den Wald gewährt. Und schließlich, endlich, taucht der Bahnhof Klingenbrunn auf. Doch die Anstrengung wurde reich belohnt – so viel Schönheit hat man selten einen ganzen langen Tag um sich.

FAZIT: WER DEN GANZEN WEG GEHT, NIMMT EINE LANGE, ANSTRENGENDE WANDERUNG AUF SICH, DIE JEDOCH FANTASTISCHE AUSBLICKE UND EINE EINZIGARTIGE NATUR BIETET.

BEI DEN SEEN VON BABYLON

⇒ … Wanderung in Tschechien ⇐

#47

Von den Berggipfeln des Bayerischen Walds sieht man es oft: das tschechische Gebiet, das mit seinen Hügeln und Wäldern lockt. Dieser Versuchung sollte ruhig nachgegeben werden. Von der kleinen Stadt Domažlice aus gibt es eine schöne Wanderung vorbei an Aussichtspunkten und versteckten Waldseen.

Kurz nach dem Städtchen Domažlice geht es über eine alte, nicht enden wollende Allee zunächst zur himmelblauen Laurentiuskirche. Zur Seenlandschaft ist es dann auch nicht mehr weit.

Wer denkt, er habe bereits alles vom Bayerischen Wald gesehen, sollte einfach hinter der Grenze in Tschechien weitermachen. Nicht weit von Furth im Wald liegt der kleine Ort Babylon mit gleichnamigem See, umschlungen von einem Wald aus tiefgrünen Fichten. Ab dem Städtchen Domažlice etwas weiter im Landesinneren kann Babylon das Ziel einer gemütlichen Wanderung werden.

Die Strecke dorthin ist traumhaft schön. Der Wanderweg beginnt direkt in Domažlice, die weiß-grün-weiße Markierung lotst einen durch die Straßen, bis ein ausgetrocknetes Flussbett mit riesigen Bäumen die Straße kurz ablöst. Danach geht es leicht bergauf durch eine nicht enden wollende Allee und schon ist die Spitze des Vav'inec (570 m) erreicht. Auf ihm

thront die himmelblaue Laurentiuskirche und wacht übers Tal.

Der Weg steuert nun den Naturpark Zelenov an, wo man der roten Markierung folgt. In diesen Wäldern verstecken sich einige Seen, an deren Ufern ein Waldlehrpfad entlangläuft. Wer des Tschechischen mächtig ist, kann die detailreichen, aus Holz gestalteten Infos zu Flora und Fauna lesen. Alle anderen saugen einfach die Schönheit dieser Seenlandschaft in sich auf, wo sich Tausende Fische tummeln und Reiher sich vom Ufer aus ihr Frühstück aussuchen.

Ein Feldweg leitet einen schließlich nach Babylon, an dessen See einige Bänke eine schöne lange Pause geradezu herausfordern.

An Sommertagen tobt das Leben in der großen Badeanstalt. Wer sich genug in Babylon
umgesehen hat, geht anschließend ein Stück
den Fahrradweg 3 A entlang, der zu einem
Aquädukt führt. In den 1670er-Jahren wurde
es gebaut, um dem Zubrina-Bach mehr Wasser zuzuführen, 1984 allerdings abgerissen.
Erst drei Jahrzehnte später gestand man
sich den Fehler ein und rekonstruierte das
beliebte Ausflugsziel.

Der restliche Rückweg verläuft nun stets in
der Nähe der Eisenbahnstrecke, wobei die
grüne Markierung wieder das Sagen hat.
Noch einmal taucht man ein in wilde Waldwel-
ten, lässt sich von der Stille umfangen, bevor
sich der Wanderweg mit dem Radweg 3 verbindet und in Domažlice endet.

Hin & weg: Bahnhof Domažlice. Hier hält auch der
ALEX Richtung Regensburg.

Dauer & Strecke: 4,5 Std. ohne besondere Eile,
16 km.

Beste Zeit: Sommer.

Ausrüstung: Feste Schuhe, Trinken und Essen, evtl.
tschechische Kronen.

Wenn es Nacht wird: Pension Family gleich ums
Eck vom Marktplatz (www.pensionfamily.cz/de).

DREI LÄNDER IN EINER SEKUNDE

 ... im Dreisesselgebiet

Deutschland, Tschechien, Österreich. Drei Länder stoßen hier aneinander – ohne Kontrollen, ohne Feindseligkeit. Zu Recht zieht dieser Kammweg viele Wanderer an. Wer früh genug aufbricht, muss den außergewöhnlich schönen Pfad jedoch kaum mit anderen teilen.

Dreiländereck: Die Grenzen von Österreich, Tschechien und Deutschland berühren sich auf dem Dreisessel.

Wer von der Kreuzbachklause losläuft, sollte sich im Klaren sein, dass es ab jetzt anderthalb Stunden bergauf geht. Immer bergauf. Und dann, kurz vorm Gipfelkreuz, stellen sich einem auch noch hohe, unförmige Stufen in den Weg! Aber egal wie muskelkatergefährdend dieser Aufstieg ist, er ist auch diese finale Anstrengung wert. Denn der Ausblick vom Kreuzberg aus raubt einem den letzten Rest Atem, das Ganze ist nur noch zu toppen, wenn man es rechtzeitig zum Sonnenaufgang schafft.

Der Kreuzberg mit seinen Steinstufen und dem Gipfelkreuz ist aber gar nicht der Liebling der Ausflügler. Das ist vielmehr der Dreisessel, keine 200 Meter entfernt. Durch die Wollsackverwitterung wirkt er so erhaben und alt wie die Legende, die sich um ihn rankt: Auf dem Gipfel sollen einst die drei Könige von Bayern, Böhmen und Österreich gesessen und um das unter ihnen liegende Land gefeilscht haben. Dort, wo sie Platz genommen haben, sieht man heute noch die Vertiefungen ...

Blockmeer (oben), Wollsackgipfel (unten) und der Plöckensteiner See sind durch abenteuerliche Wege und Steige verbunden – heute! Früher war die Überquerung der Grenze zu Tschechien tabu.

Tagsüber ist das Dreisesselgebiet fast schon überlaufen, kein Wunder, ist es doch erstens so schön hier und zweitens so gut bewirtet: Der Berggasthof Dreisessel (www.berggasthof-dreisessel.de) ist perfekt für eine Verschnauf-

pause (allerdings erst ab dem späten Vormittag!) und kann sogar mit dem Auto erreicht werden. An der Hütte beginnt der Kammweg, erkennbar an der rot-weiß-roten Markierung, zur Dreiländermark. Vorbei an leuchtendrosa Weidenröschen und von Borkenkäfern zerstörten Zahnstocher-Fichten führt der Pfad bis zu dem Stein, der das Zusammentreffen von Tschechien, Österreich und Deutschland markiert. Während des Kalten Krieges war der Übertritt nach Tschechien tabu, ja sogar lebensgefährlich.

Heute jedoch hält einen niemand auf, wenn man vom Plöckenstein aus weiter zum Adalbert-Stifter-Denkmal läuft, einem Obelisken, der dem Bayerwald-Dichter zu Ehren aufgestellt wurde. Von diesem fantastischen Aussichtspunkt aus geht es steil nach unten zum Plöckensteiner See, einem dunklen Auge, um-

geben von steilen Hängen; ein Bild, das sich ewig betrachten ließe.

Ein Stück weit vom See entfernt führt der Weg wieder zurück über den Plöckenstein zur Dreiländergrenze (hier könnte man absteigen zum Campingplatz, wer übernachten will, s. u. »Wenn es Nacht wird«). Nun geht es an der linken Hangseite entlang zum Blockmeer, das aus riesigen Granitsplitter besteht, die Kälte und Hitze aus dem Berg gesprengt haben. Vier solche Felder gilt es zu überqueren, be-

vor die Dreisessel-Berghütte wieder auftaucht und der bekannte Weg zurück zur Kreuzbachklause führt.

Hin & weg: Wanderparkplatz Kreuzbachklause bei Frauenberg (mit Infotafeln zur Trift).

Dauer & Strecke: Anspruchsvolle Wanderung: mit Pausen etwa 8,5 Stunden, 24 km. Noch besser: eine Nacht campen und zwei Tage im Dreisesselgebiet verbringen.

Beste Zeit: Sommer.

Ausrüstung: Wasserfeste, robuste Wanderschuhe. Regenjacke, Sonnencreme und ausreichend Wasser nicht vergessen!

Wenn es Nacht wird: Der Campingplatz Knaus Lackenhäuser liegt schön an einen Hang geschmiegt nicht allzu weit von der Dreiländermark (www.knauscamp.de/lackenhaeuser.html). Von dieser aus geht man erst Richtung Steinernes Meer und biegt dann nach Lackenhäuser (3,5 km) ab.

> **FAZIT: DIE WANDERUNG BIETET EINFACH ALLES: WILDE GIPFEL, SCHÖNE AUSBLICKE, GLITZERNDES WASSER UND STEINERNES MEER. DAZU NOCH EINE EINKEHRMÖGLICHKEIT MIT PANORAMABLICK.**

KLIRRENDE SÄBEL

 ... unterwegs auf dem Pandurensteig

#49

Einst zogen blutrünstige Gesellen durch den Bayerischen Wald, mit Krummsäbeln und Dolchen bewaffnet. Wandelt man heute durch Dörfer und Wälder, ist von dem Grauen, das die Panduren auslösten, nichts übrig geblieben. Außer dem Säbel, der als Erkennungszeichen auf den Wander-schildern prangt.

#Panduren #Hügellandschaft #blühendeWiesen #lauschigeWälder

Ein Krummsäbel markiert den Pandurensteig, den einst diese Soldaten nutzten. Sie zogen brandschatzend durchs Land.

Auf den Hügeln haben die Wälder das Sagen. Sie belagern jeden Zentimeter, der ihnen zugestanden wird, wagen sich heran bis an die Rapsfelder und Apfelbäume und kleinen Ortschaften. Von Grafenau aus ist man schnell auf dem Pandurensteig, der sich von Waldmünchen bis Passau 173 Kilometer entlangschlängelt. Der Krummsäbel ist das Symbol des Fernwanderwegs. Auf der Strecke waren einst Soldaten unterwegs und hinterließen eine Spur der Verwüstung. Es war das Jahr 1742, als der Österreichische Erbfolgekrieg ausbrach. Da Bayern nicht an der Seite Maria Theresias kämpfte, schickte die Kaiserin ihren Verbündeten Franz von der Trenck mitsamt seiner Panduren in den Bayerischen Wald. Dort zogen die Soldaten plündernd, mordend und brandschatzend von Dorf zu Dorf. Die Bewohner von Cham, Vilshofen, Plattling und Deggendorf waren nicht die einzigen, die an-

Baumpilze, Pilzbäume (!), ein Frosch, der sich ins schützende Laub aufmacht und bald nicht mehr zu sehen ist, und elegant geschwungene Felder: Wer gemütlich wandert, sieht mehr.

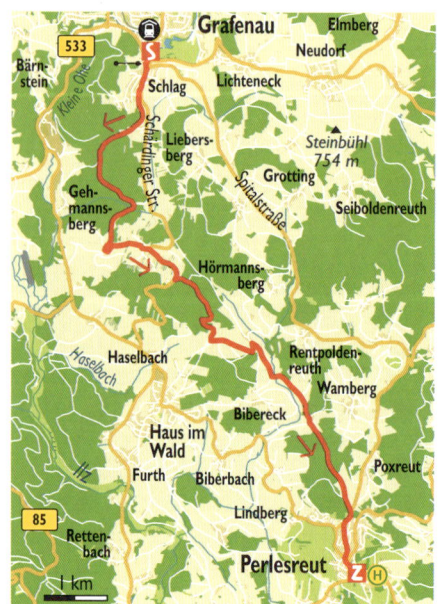

gegriffen wurden. Auch Grafenau verschonte man nicht und Schloss Bärnstein wurde in die Luft gesprengt.

Über die Grausamkeiten des damaligen Kriegs ist mittlerweile Gras gewachsen. Und Felder. Und Bäume. Auch die Ortschaften haben sich längst erholt. So gibt es auf dem Abschnitt Grafenau-Perlesreut kein Kriegsgeheul mehr, sondern nur den Wind, der durch die Wipfel streicht. Die erste Anhöhe des Hochpeßsattels ist schnell erklommen, das erste kühle Bachtal durchquert und dann taucht auch schon eine Einkehrmöglichkeit auf: der Schmugglerhof (www.schmugglerhof.de), eine Gaststätte mit einem schönen Innenhof.

Nach der Pause geht es etwa 1,5 Kilometer auf einer Teerstraße entlang. Nicht so schön

für die Füße, dafür aber für die Augen: Auf der Nordseite schieben sich zwischen zwei Hügel der Kleine und Große Rachel, die sich sogar aus dieser Entfernung markant von allen anderen Erhebungen abgrenzen. Nach dem Einsiedlerhof Eiblöd (sprich: Eibl-öd) führt aber-

mals eine Teerstraße Richtung Heinrichsreit, die jedoch von einem Schotterweg abgelöst wird. Auf diesem wird es noch mal ein bisschen einsamer. Die mit gelben, weißen und roten Blumen betupften Wiesen, die gurgelnden Bächlein und vor sich hin dösenden Wälder wirken, als wären sie aus der Zeit gefallen – ein Gefühl, das mindestens so lange anhält, bis Perlesreut erreicht ist.

Hin & weg: Bahnhof Grafenau; mit dem Rufbus geht's von der Haltestelle Perlesreut Busbahnhof zurück nach Grafenau (am besten einen Tag vorher anrufen und anmelden, Tel. 08551 57-319 bzw. -320 oder E-Mail an rufbus@lra.landkreis-frg.de).

Dauer & Strecke: 4 Std., 14 km.

Beste Zeit: Frühling–Herbst.

Ausrüstung: Feste Schuhe.

Wenn es Nacht wird: Wer es ganz ruhig haben will, übernachtet im Haus am Waldrand in Unterhüttensölden bei Grafenau (www.haus-am-waldrand.info).

FAZIT: LEICHTE, ABWECHSLUNGSREICHE WANDERUNG AUF DEM ALTEN SOLDATENWEG DURCH EINE GRÜNE HÜGELLANDSCHAFT.

IM
SCHATTEN
DES RIESEN

 ... Wanderung zum Kleinen Arbersee

Still und geheimnisvoll glitzert der Kleine Arbersee im Rücken des höchsten Gipfels im Bayerischen Wald. Vom Großen Arber aus sieht der See unspektakulär aus – doch wer dort morgens die ersten Sonnenstrahlen erhascht, wird sehen, was für ein Schatz er ist.

#schwimmendeInseln #Holztrift #glitzernderSchatz

Dem Großen Arber zu Füßen liegt der Kleine Arbersee, ein uralter Gletschersee, aus dem Bäche entspringen.

Für viele ist der Große Arber gleichbedeutend mit dem Bayerischen Wald. Mit seinen 1456 Metern ist er das höchste Überbleibsel des einstigen Gebirges, das mal höher war als die Alpen. Doch dem Berg wird seit langem übel mitgespielt: Erst kamen die Abhörstationen auf den Gipfel, dann begann man, Touristen nach oben zu gondeln, und im Winter muss der Arber als Skihaserl herhalten.

Natürlich sollte man trotzdem dem ungekrönten König seine Aufwartung machen. Doch hat auch das, was um ihn herum versteckt liegt, seinen besonderen Reiz. Etwa der Kleine Ar-

Ein interessantes Naturphänomen des Kleinen Arbersees: »schwimmende Inseln«, Moorteile, die sich vom Boden abgelöst haben.

bersee, der auf 915 Höhenmetern liegt. Als er 1885 für die Holztrift einen Meter aufgestaut wurde, lösten sich drei große Moorteile vom Boden ab. Seither treiben sie auf der Wasseroberfläche und auf den »schwimmenden Inseln« wachsen gefährdete Moorpflanzen: Sonnentau, Moosbeere, Wollgras ...

Von Lohberg aus gibt es einen Wanderweg zum See. Er führt durch stille moosgrüne Wälder, begleitet vom Sollerbach. Auf dem Weg nach oben, der mal gut zu laufen, mal schweißtreibend ist, schieben sich die Soller Wasserfälle vor die Kameralinse. Von dort aus ist es nicht mehr weit bis zum Kleinen Arbersee. Und ist man früh genug unterwegs, kann es gut passieren, dass man den glitzernden Schatz mit den schräg einfallenden Sonnenstrahlen und dem fantastischen

Blick auf den Großen Arber für sich allein hat. Schließlich ist die Meute ja oben beim König. Oder kommt erst später per »Kleinem

Hin & weg: Mit dem Auto nach Lohberg. Die Beschilderung des Wanderwegs Lo 3 beginnt an der Touristeninfo. Wer in Sommerau übernachtet, kann gleich dort in den Wanderweg einsteigen.

Dauer & Strecke: 4 Std. ohne Pausen, 12,5 km.

Beste Zeit: Herbst, wenn die Blätter sich richtig schön bunt färben und Nebelbänke über dem See schweben.

Ausrüstung: Wanderschuhe, Jacke, Trinken und Essen. Einkehrmöglichkeit am Kleinen Arbersee im Seehäusl (www.seehaeusl-kleinerarbersee.de).

Wenn es Nacht wird: Die Apartments der Pension Lemberger (www.ferienwohnung-lemberger.de) in Sommerau sind ruhig gelegen und bieten fantastische Ausblicke auf die Hügel des Bayerischen Walds.

Der Große Arber ist nicht mehr weit – wer nicht bis nach oben möchte, kann bequem am Bach zurücklaufen.

Arberseebahn«-Express hierher. Wen es in den Beinen juckt, der kann vom See aus hoch zum Arber laufen. Auf die noch fehlenden vier Kilometer kommen jedoch knapp 550 Höhenmeter, die es zu bewältigen gilt. Und der Weg ist auch nicht besonders spannend. Besser, man bleibt an dem Gletschersee, umrundet ihn und legt eine ausgiebige Pause ein. Wenn der Schatten des Großen Arbers sich dem Seeufer nähert, kann der Abstieg zurück ins Tal angetreten werden.

FAZIT: AM BESTEN BEGINNT MAN SEINE WANDERUNG ZUM KLEINEN ARBERSEE FRÜHMORGENS. EINE ÜBERNACHTUNG VOR ORT IST DAFÜR AUF JEDEN FALL ZU EMP-FEHLEN — DANN HAT MAN IHN FÜR SICH.

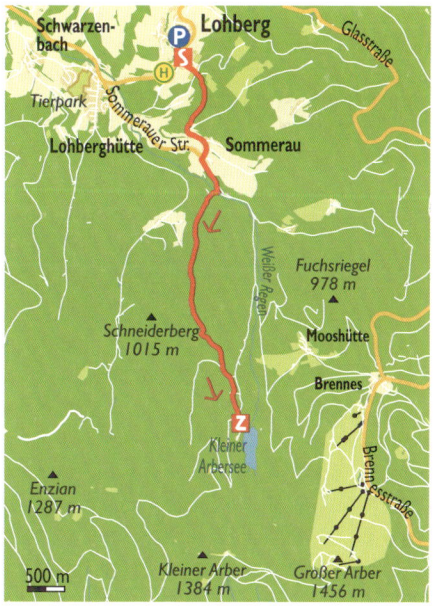

GLIMMER-GIPFEL

 … Wanderung auf den Großen und Kleinen Osser

#51

Wer die Alpen liebt, wird von diesem Aufstieg begeistert sein: Der Weg hoch zum Großen Osser ist anstrengend und hat alpinen Charakter. Am Gipfelkreuz warten ein atemberaubender Rundumblick und eine Schutzhütte zum Einkehren.

einem zunächst noch Gedanken an eine Autobahn durch den Kopf. Oder die Vermutung fällt auf einen Wasserfall. Aber nichts da: Es ist der Böhmwind, der von Osten kommt und über das Mittelgebirge heult, als wolle er es niederreißen.

Und einiges von den einst mächtigen Bergen hat er schon abgetragen. Das ist auf dem Weg nach oben zu sehen. Da öffnet sich mal eine Waldschneise und gibt den Blick auf den Kleinen Osser (1266 m) frei: einen steinigen Gipfel, umgeben von Fichten. Und auch die gezackten Felsen am Großen Osser (1293 m) sind das Ergebnis von Verwitterung. Die zwei ungewöhnlichen Gipfel bestehen aus Glimmer. Einst entstand das Gestein in einer Tiefe von zehn bis 15 Kilometern. Bei der Anhebung des Gebirges wurde auch der Glimmer nach oben getragen, Wind und Wetter befreiten ihn von den auf ihm liegenden Schichten und was zum Vorschein kam, bildet heute eins der schönsten Geotope Deutschlands.

Das Erste, was einem auffällt, ist das Pfeifen. Da keucht man selbst den Berg hoch, große und kleine Steine unter den Füßen, rechts und links wachsame Fichten, und dann ist da dieses seltsame Geräusch. Vielleicht schießen

Und dann erst der Blick, der sich vom Großen Osser öffnet! Weit hinein sieht man ins bayerische Land und nach Tschechien, das gleich auf der anderen Seite des Ossers liegt. Dort breitet sich auch das Künische Gebirge aus, das mit seinen steilen bewaldeten Hängen und weichen Tälern wahrhaft königlich aussieht. Wer eine Mütze trägt, sollte sie auf dem Gipfel gut festhalten. Der Wind zieht und zerrt an einem und verlangt große Vorsicht von den Gipfelstürmern. Im Winter ist hier alles

Das Schutzhaus auf dem Großen Osser ist im Winter mit Schnee zugedeckt und das ganze Jahr über weht ein rauer Ostwind, der einem auch schon mal die Mütze vom Kopf pustet, wenn man nicht aufpasst.

noch schutzloser, dann ist auch meterhoher Schnee keine Seltenheit. Wer schon so weit gekommen ist, kann auch noch rüber zum Kleinen Osser wandern (15 Min.). Dieser verspricht eine nicht minder schöne Aussicht. Auch hier pfeift der Wind, auch hier muss man auf seine Schritte achten, genauso beim ersten Teil des Abstiegs zurück nach Oberlohberg, der steil und steinig ist, sich dann jedoch in breite Forst- und Feldwege wandelt.

Woher der Name Osser kommt, ist nicht bekannt. Aufzeichnungen aus dem 16. Jahrhundert verraten nur, dass der Berg auch damals schon so genannt wurde. Die Tschechen haben für die Doppelspitze einen treffenden Namen ausgesucht: Sie nennen sie »Die Brüste der Muttergottes«. So hoch ragen der Kleine und Große Osser in den Himmel, dass man diese Assoziation gut verstehen kann.

FAZIT: ALPINE TOUR ZU DEN WINDUMTOSTEN GIPFELN DES GROßEN UND KLEINEN OSSERS. OBEN WIRD MAN MIT FANTASTISCHEN WEITBLICKEN BELOHNT.

Hin & weg: Osserparkplatz bei Lohberg; Markierung: Lo 01.

Dauer & Strecke: Je nach Kondition 1–2 Std. zum Großen Osser, Rückweg zum Parkplatz ca. 2 Std., 10 km.

Beste Zeit: Sommer–Herbst.

Ausrüstung: Gute Wanderschuhe, Mütze, Trinken und Essen.

Wenn es Nacht wird: Übernachtung in der Schutzhütte auf dem Großen Osser möglich, doch da gerade ein Pächterwechsel stattfindet, ist die Hütte erst ab Winter 2019/2020 geöffnet (weitere Infos auf www.osser.de).

IN NEBEL GEHÜLLTE NATUR

 ... Wanderung auf den Lusen

#52

Vielleicht ist er der geheimnisvollste und ungewöhnlichste Gipfel des Bayerischen Walds: der Lusen mit seinem Blockmeer und dem baumfreien Haupt. Gelegentlich hüllt er sich in dichte Wolken, als schäme er sich für seine Kahlheit. Doch der Nebel kann seine ganz besonderen Reize haben.

#Legenden #Schlittenfahren #MeerausStein #Schneeschuhwanderung

Nebel und Eis verwandeln die Landschaft in eine bizarre Märchenwelt.

Eigentlich nimmt man die Mühen einer Bergwanderung wegen des Ausblicks vom Gipfel auf sich. Wenn der Berg jedoch einen schlechten Tag hat und sich griesgrämig hinter einer Wolke verbirgt, gibt es zwei Möglichkeiten: Die Wanderung fällt aus. Oder sie wird trotz des Nebelschleiers gemacht, der zwar die Aussicht verweigert, einen jedoch in Parallelwelten entführt.

Der Lusen ist der dritthöchste Berg im Nationalpark, er erreicht 1370 Meter (1373 m mit Gipfelkreuz). Ganz anders sieht er aus als sonst die Berge im Bayerischen Wald. Die oberen Meter sind bedeckt mit großen und kleinen Steinen, mal scharfkantig, mal glattgeschliffen. Hier wachsen nur noch vereinzelt Bäume, krüppelige Fichten und dürre Ebereschen. Auf den Steinen selbst leuchten gelbgrüne Flechten, in den Spalten und Löchern hausen seltene Spinnen, Käfer und Fliegen.

Es gibt zwei Wege, die vom Dorf Waldhäuser hinauf auf den Lusen führen. Der Sommerweg ist definitiv der spannendere: Anfangs noch breit, wird er zunehmend schmaler, steiler und steiniger. Stetig führt er bergauf, und wer an einem nebligen, vielleicht auch noch winterlich kalten Tag unterwegs ist, muss sehr vorsichtig sein. Ganz still ist es, wenn der

Unter den Granitblöcken verschwindet das Wasser der Kleinen Ohe. Weil man sich dies nicht erklären konnte, nannte man die Stelle Teufelsloch.

vor sich hin rauscht) kommt einem dann noch unheimlicher vor als an klaren Tagen.

Dann geht es weiter zur Glasarche, einem Kunstwerk aus Holz und Glas, das wie ein Geisterschiff wie aus dem Nichts auftaucht. Schließlich trennt einen nur noch die Himmelsleiter vom Gipfel: Das ist eine steile, aus glatten und rutschigen Steinen bestehende Treppe, die angeblich jemand angelegt hat, der einiges zu büßen hatte. Im Nebel sieht sie so aus, als würde sie niemals enden.

Wer die letzten Meter erklommen hat, sieht bei gutem Wetter den Rachel, guckt rüber nach Tschechien. Im Süden liegen Österreich und die Alpen. Und an trüben Wintertagen? Warten ein vereistes Kreuz und zu seltsamen Gestalten erstarrte Bäume auf einen. Die Welt scheint verschwunden. Erst wenn man über den Winterwanderweg zurückläuft und dabei auf breiter werdende Forstwege gerät, sich unter wuchtigen alten Fichten duckt, die zu

Berg in eine Wolke gehüllt ist. Das Teufelsloch (eine Spalte, in der die Kleine Ohe unter riesigen Felsbrocken verschwindet und unsichtbar

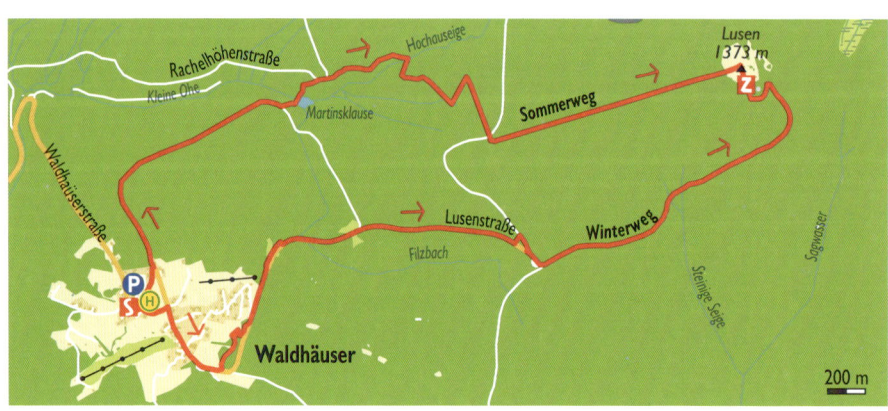

Auch das Gipfelkreuz des Lusen ist schon ganz eingefroren: Schnee und Eis lassen merkwürdig die Konturen von Wäldern, Wiesen und Flüssen verschwimmen.

einem von Menschen verschont gebliebenen Bergfichtenwald gehören – erst dann kehrt langsam die Sicht zurück. Mit jedem Meter, den man absteigt, lässt die Umklammerung des Nebels nach. Bis schließlich Waldhäuser vor einem auftaucht und man befreit atmend auf das neblige Abenteuer zurückblicken kann.

Tipp: Bei Schnee den Schlitten mitnehmen und runtersausen!

FAZIT: PARALLELWELTEN: DIE WANDE-RUNG AUF DEN DRITTHÖCHSTEN BERG DES BAYERISCHEN WALDS HAT AUCH IM NEBEL SEINEN REIZ!

Hin & weg: Mit dem Igelbus nach Waldhäuser/ Kirche oder das Auto im Dorf parken; Winterweg: grünes Dreieck bis Waldhausreibe, dann Luchs-symbol; Sommerweg: Zaunkönig bis Martinsklause, dann weiter zum Teufelsloch und zur Glasarche, ab dort Luchssymbol.

Dauer & Strecke: Sommerweg: 4,5 Std., 12 km; Winterweg: 3,75 Std., 10,5 km.

Beste Zeit: Immer. Achtung: Im Winter besser den Winterweg wählen, die Himmelsleiter und die Steine am Gipfel können spiegelglatt sein.

Ausrüstung: Gutes Schuhwerk, Getränk und Snacks; Einkehrmöglichkeit im Lusenschutzhaus (Öffnungszeiten beachten, www.lusenwirt.de).

Wenn es Nacht wird: In Waldhäuser gibt es viele Übernachtungsmöglichkeiten, u. a. den Draxlerhof (www.draxlerhof.de) mit üppigem Frühstücksbuffet und gemütlichen Zimmern.

SONST NOCH WICHTIG

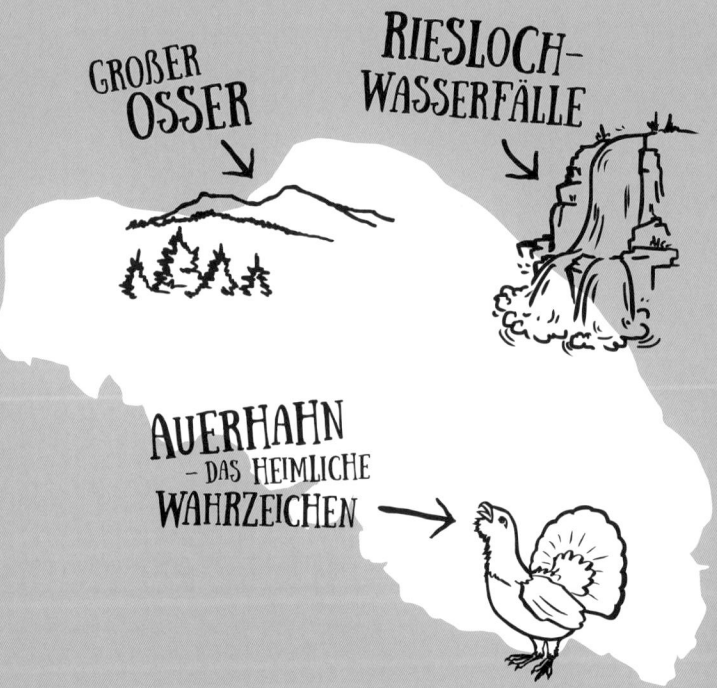

GROSSER OSSER

RIESLOCH-WASSERFÄLLE

AUERHAHN
– DAS HEIMLICHE WAHRZEICHEN

Ein- und Überblick

*Karten für den schnellen Überblick, ein Orts-
verzeichnis, praktische Tipps sowie mehr
über die Autorin und ihre liebsten Empfeh-
lungen gibt es auf den folgenden Seiten.*

GPX-Download aufs Smartphone - So geht's

Voraussetzung:
Eine Outdoor-App muss installiert sein, z. B. outdoorac-
tive oder komoot. Zum Einlesen des QR-Codes benötigen
Android-Geräte eine QR-Code-App. Bei IOS-Geräten ist
diese Funktion in der Kamera integriert.

Daten downloaden:
1. Den QR-Code einlesen oder die Webadresse im Browser
   eingeben, um auf die Eskapaden-Website zu gelangen.
2. Die gewünschte Tour zum Download anklicken.
3. Bei IOS-Geräten werden die GPX-Daten direkt mit der
   vorab installierten App verknüpft. Bei Android-Geräten
   muss ggf. noch ein Weiterleiten-Button geklickt werden
   (z. B. oben rechts im Display). Manche Apps zeigen
   den Tourverlauf starr an, andere haben eine Naviga-
   tionsfunktion dabei.

Tourenverlauf

GPX-Daten zum
kostenlosen Download
www.dumontreise.de/
eskapaden/bayerischer-wald

short.travel/m3a8q

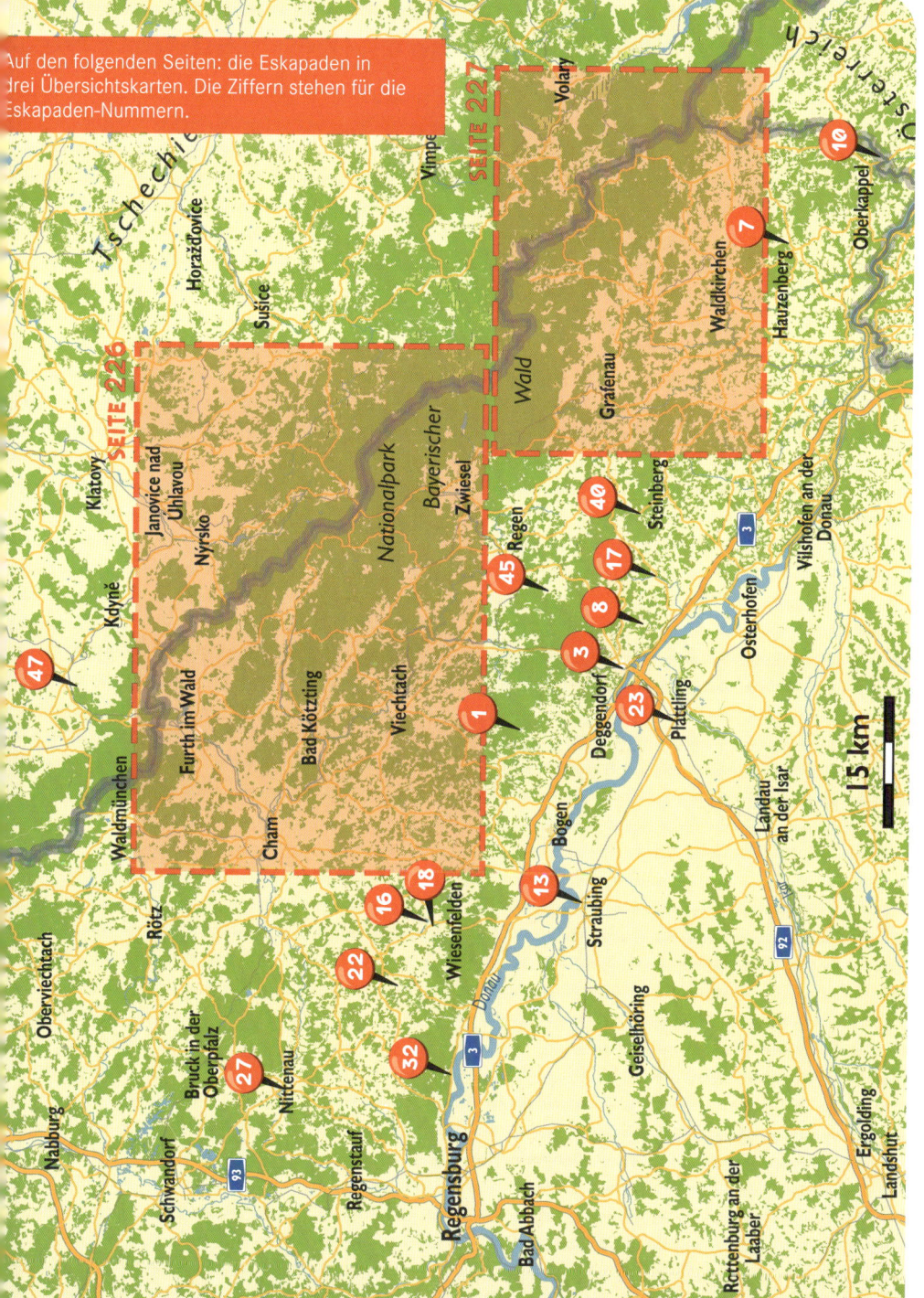

Auf den folgenden Seiten: die Eskapaden in drei Übersichtskarten. Die Ziffern stehen für die Eskapaden-Nummern.

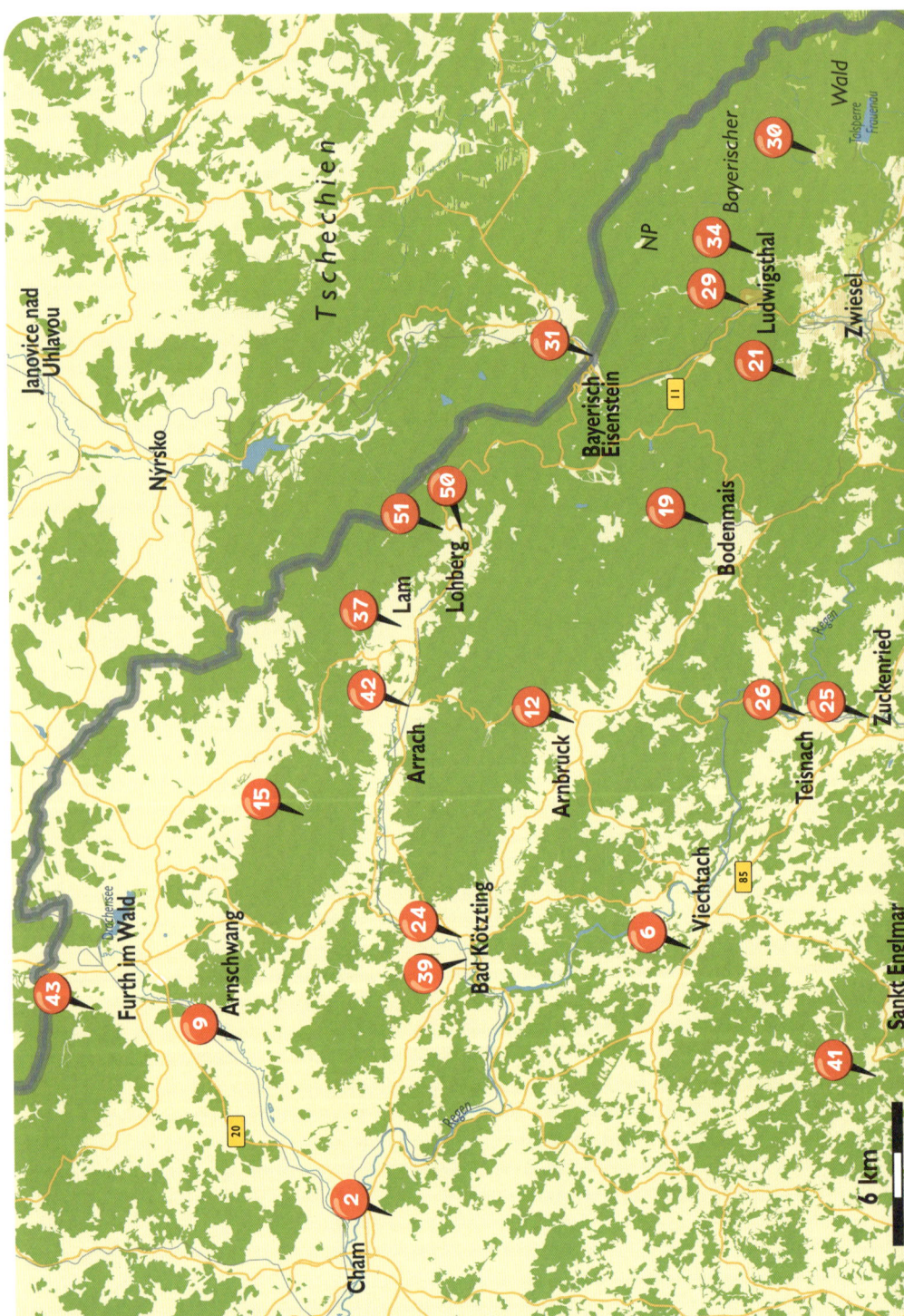

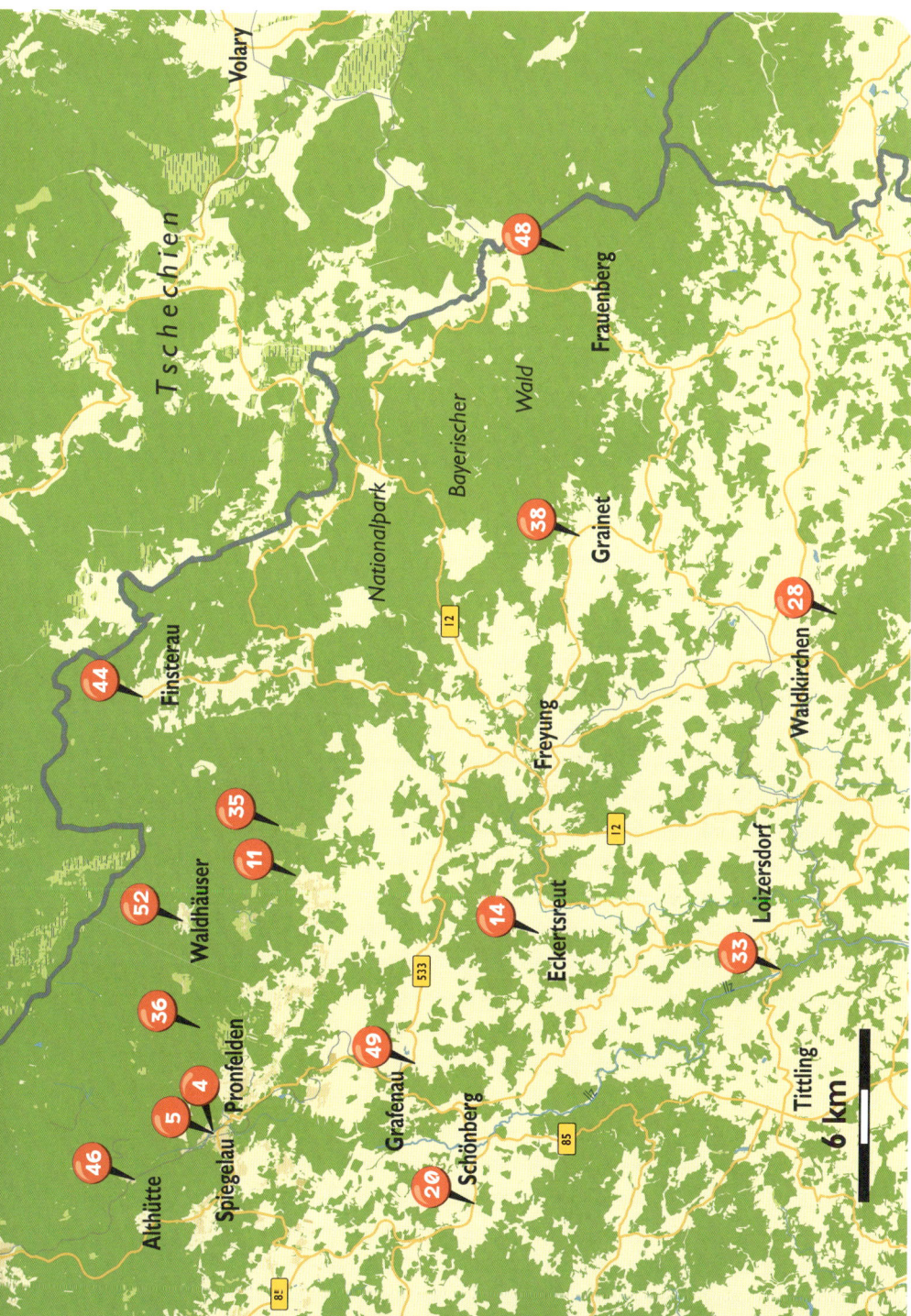

NOCH MEHR ESKAPADEN ...

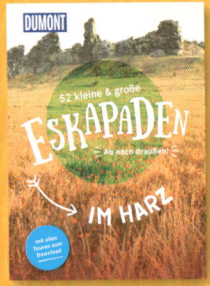

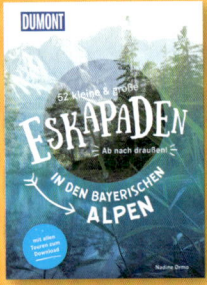

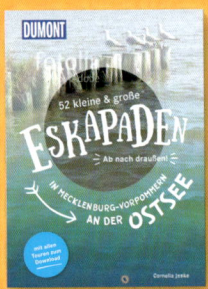

ISBN 978-3-7701-8072-1   ISBN 978-3-7701-8088-2   ISBN 978-3-7701-8092-9

DANKESCHÖN!

Manu, Regina, Robin, Rachel, Magda, Fritz, Karina, Kerstin, Sonja und Günther – ohne euch wäre dieses Buch wohl anders, aber um einiges weniger schön geworden.

 ... Danke euch allen für die Unterstützung!

IMPRESSUM

MIX
Paper from responsible sources
FSC® C139602

Reihenkonzept & Projektmanagement Monique Sorban

Cover-/Buchgestaltung und Illustrationen Carolin Weidemann, Köln, www.weidemann-design.com

Lektorat Dr. Barbara Münch-Kienast, Andechs, www.barbara-muench-kienast.de

Fotos Melanie Wolfmeier, Regensburg, mit folgenden Ausnahmen: Titelseite (Yarik/stock.adobe.com); S. 5, 14, 15, 136 (Manuel Karadeniz); S. 42, 59, 96/97, 98, 231 l. u. r. (Regina Wirth)

Kartografie Madlen Keilhauer, Oliver Rau; © MAIRDUMONT, Ostfildern, unter Verwendung von Kartendaten von OpenStreetMap, Lizenz CC-BY-SA 2.0

Printed in Poland

2. Auflage 2021
© 2019 DuMont Reiseverlag, Ostfildern
ISBN 978-3-7701-8089-2

www.dumontreise.de

love
Freiheit.

Vor Ort im Netz

Lust auf Nachtwanderungen? Oder Spurensuche nach seltenen Tieren und Pflanzen? Die Seite des Nationalparks bietet nicht nur (meist kostenlose) Thementouren an, sie liefert auch Informationen über den Wegezustand und das Waldleben. Das Ganze gibt es als kostenlose App! Einfach mal unter www.nationalpark-bayerischer-wald.de schauen!

Ohne Auto

Die Züge der »Waldbahn« (www.laenderbahn.com/waldbahn) verbinden weite Strecken der Region, haben große Panoramafenster und machen schon allein dadurch die Fahrt zu etwas Besonderem. Ergänzend verkehren die Igelbusse. Auch E-Bikes rollen durch den Bayerischen Wald (ebike-bayerischer-wald.de).

Sicherheit & Notfälle

Wenn's mal brenzlig wird: die 112 wählen, dann erreicht man Feuerwehr und Rettungsdienste. Im Nationalpark gibt es nach wie vor Funklöcher.

Geschmackssachen

Wer sich durch den bayerischen Brotzeitteller durchfuttern möchte, dem sei die Genusstour #37 ans Herz gelegt. Deftige Bergwirtshausspezialitäten wie das Gröstl in der Hütte Schareben sind eine köstliche Belohnung bei der Acht-Tausender-Tour (#42).

GUT ZU WISSEN ...

Weiterlesen

Mal ausruhen, die Beine hochlegen und sich die Zeit mit Lesen vertreiben: »Da Waidler« bietet Wander- und Restauranttipps (kostenlos unter www.waidler.com). Auch gut: das Magazin »WALDGeist« (www.agentur-ssl.de/waldgeist), das etwa alle zwei Monate erscheint. Weitere spannende Ideen für Ausflugsziele und Tourentipps gibt es zum Beispiel auf www.bayerischer-wald.de und www.bayerninfo.de/rad

ESKAPADEN-REGISTER ...

≥ Alle Orte mit Seitenverweisen ≤

MELANIE WOLFMEIER

⟩ ... über die Autorin ⟨

Mit Wanderurlauben konnte Melanie lange nichts anfangen. Die ersten Auszeiten führten fast alle nach Italien – an den Strand.

Nach dem Abitur packte sie Fernweh und seit ihrer ersten Rucksackreise zieht es sie regelmäßig fort. Dabei muss das Abenteuer gar nicht am anderen Ende der Welt warten. Im Gegenteil: Je schneller man dort ist, umso besser. Damit die Abenteuerlust einen nicht erst findet, wenn man schon durch die schöne Landschaft durchgerauscht ist ...

Wie gut, dass der Bayerische Wald da im Hinterhof von Melanies Wahlheimat Regensburg liegt. Und dort wird nicht nur geplantscht, dort wird nach Herzenslust gewandert!

Die Mitte finden

Eskapade #26: Wer - ohne Yoga - seine Balance üben will, sollte ins Kajak klettern und auf dem Regen flussabwärts fahren. In eine unberührte Flusslandschaft. Mit etwas Glück schaut der schillernde blaue Eisvogel durchs Geäst.

Moorige Angelegenheiten

Eskapade #30: Ganz verrückt ist es, auf dünnen Holzplanken durch ein endlos scheinendes Hochmoor hindurchzuwandern. Bei der Schachten- und Filztour im Nationalpark muss man aufpassen, dass einem die unberührte Natur nicht komplett den Kopf verdreht.

5 BESONDERE EMPFEHLUNGEN ...

Acht Tausender erobern

Eskapade #42: Unter uralten Bäumen hindurchwandeln, über Felsen klettern und sich durch Heidelbeergebüsch kämpfen: Acht Tausender sind es, die man von Eck bis zum Großen Arber erobert, eine Strecke so schön, dass man sich gern zwei Tage Alltagspause gönnt.

Flusstaufe

Eskapade #9: Mitten im Fluss wandern und dabei Geschichten über seine Bewohner hören? Im Eisvogelsteig kann man genau das erleben. Eine kurze, spannende und witzige Eskapade für kleine und große Abenteurer.

Von Winden umtost

Eskapade #51: Sieht von unten unspektakulär aus - aber ist der Grenzbergrücken zu Tschechien erst einmal erreicht, nimmt er einem den Atem. Oben am Osser kann man sich vom Böhmwind den Kopf durchpusten lassen.